Blitzschnelle Pfannengerichte

Die besten Rezepte mit dem Titanbräter

Verena Zemme

Blitzschnelle Pfannengerichte

Die besten Rezepte mit dem Titanbräter

mit Fotos von Karl Newedel

Weltbild

Inhalt

Noch nie war abwechslungsreiches Kochen so einfach. Der Titanbräter ist ein Universaltalent, das man nicht mehr missen möchte, wenn man es einmal kennen gelernt hat. Seine Vorteile und die kleinen Kniffe, die das Kochen noch leichter machen, sprechen für sich.

Ein Stück Fleisch, Fisch oder Geflügel, frisches Gemüse, ein paar Kräuter oder Zwiebeln – mehr braucht es oft nicht, um ein köstliches Pfannengericht für zwei Personen zu zaubern. Ob bürgerlich, herzhaft oder festlich-raffiniert: Für jeden Geschmack ist etwas dabei.

Kochen mit dem Titanbräter

Für alle, die gerne kochen, bringt der Kauf einer Titanpfanne spürbare Vorteile. Nicht nur die innovative Viereckform, in der bis einem Drittel mehr Inhalt Platz hat, erleichtert die Arbeit. Die Pfanne ist leicht, sie besitzt einen angenehm hohen Rand und sie ist dank der beidseitigen Griffe leicht auf dem Herd zu bewegen. Und wenn das Gericht fertig ist, können Sie es problemlos ausschöpfen.
Und schon während des Kochens sehen Sie immer, was sich in der Pfanne tut – der Glasdeckel macht's möglich!

Bräunen und Zeit sparen

Noch ein Vorteil, mit dem die Pfanne punktet: Sie liegt besonders plan auf der Kochstelle auf und das ist mit ein Grund dafür, dass jedes Schnitzel, jeder Fisch oder jeder Bratklops wunderschön braun werden.
Der sehr dünne Boden der Pfanne leitet die Temperatur der Kochplatte in Kürze ins Pfanneninnere weiter. Das heißt für Sie, dass die Pfanne fast augenblicklich auf jede Veränderung der Brattemperatur reagiert, was dazu beiträgt, täglich Zeit in der Küche zu sparen. Für das Backen von Pfannkuchen oder Kaiserschmarren bedeutet das, länger mit kleiner Hitze zu backen.

Gesund braten

Die überraschendste Verbesserung zu jeder herkömmlichen Pfanne aber ist die Beschichtung, die ein Verwenden von Öl und Fett fast überflüssig macht. Wenn Sie die Pfanne nach Herstelleranleitung vor dem ersten Braten mit ein wenig Öl ausreiben, brauchen Sie im Prinzip kein Fett für die Zubereitung von Speisen. Selbst Röstzwiebeln lassen sich in der Titanpfanne ohne Fett knusprig braun rösten. Diese Ersparnis von Fett macht sich schon nach kurzer Zeit bemerkbar. Sie verlieren überflüssige Pfunde, ohne sich anzustrengen!

Bratfett und Öl

Öl oder Bratfett wandern nur aus vier Gründen in die Pfanne.

- Damit der Geschmack von Fisch, Fleisch oder Gemüse sich besser entfalten kann, können Sie ein bis zwei Teelöffel Öl in die Pfanne geben.
- Schnitzel, Fischstäbchen und alle anderen Speisen mit einer Panier immer in viel Fett braten. Hier lohnt es sich nicht, Kalorien sparen zu wollen, denn die Gerichte schmecken nicht gut und sehen unappetitlich aus, wenn die Panier nicht haftet.

- Wenn Sie ganze Fische braten, lassen Sie das Fett sehr heiß werden. Durch die Temperatur schließt sich das Eiweiß an der Oberfläche, sodass das feine Aroma erhalten bleibt. Einen weiteren Schutz bietet eine feine Hülle aus Mehl.
- Kaiserschmarren und schwere Pfannkuchen nicht zu schnell backen. Geben Sie den schweren Teigen mehr Zeit, um schön durchzubacken.

Zu den Rezepten

Da sich die typische deutsche Hausmannskost durch lange Garzeiten auszeichnet, finden Sie in diesem Kochbuch viele Rezepte mit Anklängen aus Küchen, in denen schnelles Zubereiten der Speisen eine Tugend ist.

- Aus der mediterranen Küche stammen Fischgerichte, würzige Kartoffelgerichte und leichte Gemüsepfannen.
- Die Kochkunst Asiens bietet mit klein geschnittenen Zutaten und leckeren Saucen eine Fundgrube an herrlich leichten und schnell nachzukochenden Gerichten.
- Eierspeisen und Süßes gelingen in der Titanpfanne ganz leicht.

Tipps für den täglichen Gebrauch

Obwohl die Titanpfanne an sich robust ist, helfen einige Tricks, die Lebensdauer erheblich zu verlängern.

- Verwenden Sie keine spitzen oder scharfen Pfannenwender. Geräte aus speziellem Kunststoff sind nicht nur leicht und farblich schick. Sie vermeiden jedes Kratzen auf der Antihaftbeschichtung des Spezial-Hitze-Leitbodens. Auch Holzgeräte gehen mit der Beschichtung schonend um und sind gut geeignet.
- Reiben Sie die Pfanne nach dem Braten nicht mit scharfen, körnchenhaltigem Putzmittel aus. Es genügt, die Pfanne mit der weichen Seite eines Schwämmchens und mildem Spülmittel abzuwaschen und mit klarem Wasser nachzuspülen.
- **WICHTIG:** Sind in einem Rezept exakte Angaben für Öl oder Bratfett gemacht, bezieht sich das auf herkömmliche Pfannen!

In Ihre Titanpfanne geben Sie – je nach Geschmack – einen bis zwei Teelöffel Öl oder ein wenig Butter.

Das Wenden

Viele Pfannkuchen, Kaiser- und Kirschschmarren, aber auch Tortillas werden nur richtig gut, wenn man sie nach dem Backen auf der ersten Seite wendet. Gehörte es bisher zur hohen Kunst des Pfannkuchenbackens, den Pfannkuchen mit einem eleganten Wurf zu wenden, lässt der Titanbräter dies nicht mehr zu.

- Das Wenden von Pfannkuchen, Schmarren oder Tortillas lässt sich am besten mit dem Pfannendeckel oder einem Teller bewerkstelligen, der so groß ist wie die Pfanne. Sie legen den Teller oder den Deckel über die Pfanne, halten ihn fest und drehen die Pfanne um. Nun liegt der Pfannkuchen mit der fertig gebackenen Seite nach oben auf dem Teller oder im Deckel.
- Fetten Sie die Pfanne nochmals ein, und lassen Sie den Pfannkuchen hineingleiten.

Rezepte für jeden

Sie werden beim Lesen der Rezepte sehen, dass wir dieses Kochbuch ebenso für Anfänger geschrieben haben wie für erfahrene »alte Küchenhasen«.

- So sind einige Rezepte sehr ausführlich. Sie erfahren, wie man zum Beispiel das Gemüse richtig vorbereitet, in welcher Reihenfolge eine Panier aufgetragen wird, wie man eine Tomate fachgerecht häutet, wie blanchiert wird oder wie man frische Gewürzpflanzen (Basilikum, Petersilie, Thymian etc.) vorbereitet.
- Diese besonders ausführlichen Rezepte finden Sie nicht nur für die Zubereitung von Crêpes oder Pfannkuchen, für Risotto oder das Braten von Steaks. Auch schmackhafte Gemüsepfannen, Sonntagsbraten oder Partysnacks können Sie nach diesen ausführlichen Anleitungen Schritt für Schritt nachkochen.
- Wir bieten Ihnen in diesem Kochbuch mehr als 140 Rezepte an, um Ihnen die ganze Fülle der leckeren Gerichte zu zeigen, die Sie mit dem Titanbräter kochen können. Deshalb sind einige Rezepte so knapp wie möglich formuliert. Auch hier können Sie das Gericht Schritt für Schritt nachkochen, aber einige Grundschritte wie das Schälen von Zwiebeln, Knoblauch, Möhren oder Kartoffeln vor dem Schneiden in Würfel oder Scheiben werden vorausgesetzt.

Kreativ kochen mit dem Titanbräter

Sie werden es sehen, wenn Sie einmal mit dem Titanbräter gekocht haben, werden Sie es immer wieder gern tun!

❁ Wir bieten Ihnen bei Rezepten, die besonders gut geeignet sind, Hinweise zum kreativen Verändern des Rezeptes an, indem wir zum Beispiel Gemüsesorten nennen, die Sie austauschen können, sowie andere Getreidesorten.

❁ Wenn Sie die Möglichkeiten des Titanbräters noch erweitern wollen, können Sie Lieblingsrezepte, die Sie bisher im Topf zubereitet haben, im Bräter kochen. Dank des hohen Randes könnten Sie sogar ohne Probleme Suppen im Bräter zubereiten!

Grundwissen im Kochbuch

Hier finden Sie alle Grundtechniken und Grundrezepte auf einen Blick

Grundwissen

Grundrezepte von A bis Z

Die besten Ideen mit Fisch und Fleisch

Forelle Müllerin

2 Portionen
Leicht und schnell

- **2 bratfertige Forellen**
- **100 g Mehl**
- **40 g Butterschmalz**
- **20 g Butter**
- **Salz, Pfeffer aus der Mühle**
- **1 EL frische, gehackte Petersilie**
- **Saft 1 Zitrone**

Die Forellen waschen, gut trockentupfen und im Mehl wenden.

Das Butterschmalz in der Pfanne erhitzen. Die Fische darin bei mittlerer Temperatur von beiden Seiten jeweils 6 bis 7 Minuten braun braten. Anschließend die Forellen von beiden Seiten salzen und pfeffern.

Die Butter in der Pfanne zerlassen, kurz aufschäumen lassen.

Zum Schluss die gehackte Petersilie und den Zitronensaft in die Pfanne geben.

Gebratene Scholle

2 Portionen
Schnell und lecker

- **2 Schollen**
- **100 g Mehl**
- **Salz, Pfeffer aus der Mühle**
- **40 g Butter oder Butterschmalz**

Von den küchenfertigen Schollen den Flossensaum rundum in Richtung Kopf abschneiden.

Die Fische kalt abwaschen, gut trockentupfen, salzen und pfeffern und im Mehl wenden.

Die Butter in der Pfanne heiß werden lassen und die Schollen von jeder Seite etwa 4 Minuten braten.

Tipp Zu gebratenem Fisch passt entweder eine leichte Sauce etwa auf Zitronenbasis oder eine mitgebratene Beilage wie Gemüse oder Speck.

Für die Sauce geben Sie zum Bratensatz etwas Brühe, Wein oder Wasser und Sahne.

Feine Gemüse wie Möhren, Lauch, Brokkoli, Stangensellerie oder fein geschnittener Paprika passen immer.

Sie können allerdings auch ganz fein geschnittenen Speck mit dem Fisch mitbraten. Würzen Sie dann den Fisch beim Braten mit frisch gehackten Kräutern und servieren Sie ihn belegt mit den Speckwürfelchen.

Auch Krabben können Sie ohne weiteres mit dem Fisch mitbraten.

Dorschfilets mit Dill

2 Portionen
Ganz einfach

- 300 g Dorschfilet
- Saft einer Zitrone
- 1 Knoblauchzehe
- 40 g Butter
- Öl
- Salz und Pfeffer aus der Mühle
- 1 TL Dill
- 1 Prise Kardamom

Den Fisch waschen, trockentupfen, und einige Minuten in der Hälfte des Zitronensaftes marinieren.

In der Zwischenzeit den Knoblauch sehr klein schneiden.

Öl in der Pfanne erhitzen, die Butter dazugeben, braun werden lassen und die Fischfilets ins Fett legen.

Von jeder Seite etwa 3 Minuten dünsten. Anschließend mit Salz, Pfeffer, Dill und Kardamom würzen.

Tipp Fisch und frischer Zitronensaft gehören einfach zusammen. Beträufeln Sie Fisch vor dem Braten mit dem sauren Saft, geben Sie ihn zu einer Sauce oder reichen Sie frische Zitronenschnitze beim Servieren.

Seelachsfilet in Curryrahm

2 Portionen
Besonders fein

- 300 g Reis (gekocht)
- 400 g Seelachsfilet
- 1 EL Zitronensaft
- Salz, weißer Pfeffer
- 1 EL Butter
- 1 geh. EL Mehl
- 1 gestr. EL Curry
- 200 ml Gemüsebrühe (Instant)
- 100 g Sahne
- 2 Scheiben Ananas (klein geschnitten)
- 2 halbe Pfirsiche (in Spalten)

Den Fisch waschen, trockentupfen, in mundgerechte Stücke schneiden und mit Zitronensaft beträufeln. Leicht salzen und pfeffern.

Die Butter zerlassen, Mehl und Curry einrühren. Mit Brühe und Sahne auffüllen, schnell verrühren und aufkochen lassen. Die Sauce 5 Minuten köcheln lassen und dabei etwas reduzieren.

Inzwischen das Obst auf einem Sieb abtropfen lassen. Ananas in kleine Stücke und die Pfirsiche in schmale Spalten schneiden.

Das Fischfilet in die Sauce geben und bei schwacher Temperatur 10 Minuten darin ziehen lassen.

Den Reis und die Früchte (frisch oder aus der Dose) zugeben und weitere 5 Minuten garen, mit Salz, Pfeffer und eventuell mehr Curry abschmecken.

Feurige Forellenfilets

4 Portionen
Preiswert

- 6–8 frische Forellenfilets
- 150 g Reis
- 3 mittelgroße Zwiebeln
- ½ rote und ½ gelbe Paprikaschote
- 50 g Butter
- ein wenig Öl
- Salz
- Curry
- 1 EL Paprikapulver
- 1 EL Schnittlauch
- 2 EL klein geschnittene Petersilie
- 300 ml Fleischbrühe

Die Forellenfilets unter fließendem Wasser abspülen. Salzen, mit dem Paprika kräftig einreiben und für etwa eine Stunde beiseite stellen.

Die Zwiebeln abschälen, in dünne Ringe schneiden und mit dem Schnittlauch in Butter leicht anrösten.

Die Paprika waschen, das Kerngehäuse entfernen, klein schneiden und mit anbraten.

Den Reis abmessen, in einem Topf in Öl anbraten und zu den Forellen geben. Mit Curry würzen.

Die Fleischbrühe zum Kochen bringen und so viel in die Pfanne gießen, dass der Reis gut bedeckt ist.

Etwa 30 Minuten zugedeckt bei geringer Temperatur dünsten lassen.

Vor dem Servieren mit klein geschnittener Petersilie bestreuen.

Knusprige Fischhäppchen

4 Portionen
Preiswert

Für den Fisch:

- 500 g Goldbarschfilet ohne Haut
- Salz, Pfeffer aus der Mühle
- 50 g Mehl
- ½ l Öl (Sonnenblumen- oder Maiskeimöl)

Für den Teig:

- 100 g Mehl
- 2 Eigelb
- 150 ml helles Bier
- 2 Eiweiß

Die Eier trennen, die Eiweiße steif schlagen und beiseite stellen. Aus dem Mehl, dem Bier und den Eigelben einen Teig rühren. Die Eiweiße darunter heben.

Den Fisch in etwa 30 g schwere Stücke teilen, salzen, pfeffern und im Mehl wenden.

Frittieröl in der Pfanne erhitzen.

Die Fischstückchen einzeln mit einer Gabel aufspießen, durch den Teig ziehen und portionsweise ausbacken. Mehrmals wenden und die Stücke auf Küchenpapier abtropfen lassen.

Tipp Probieren Sie aus, wie Ihnen der Teig mit Curry oder Paprika schmeckt.

Schwedische Fischpfanne

1 Portion
Gelingt leicht

- 250 g Filets (z. B. Lachs, Heilbutt, Scholle)
- 50 g Muscheln
- 25 g Krabben
- 25 g Champignons
- 1 Schalotte
- 50 g Schlagsahne
- 10 g Butter oder Margarine
- 1 Bund frischer Dill
- Saft von 1 Zitrone
- Salz, Pfeffer
- Worcestersauce
- ⅛ Liter Weißwein

Die Fischfilets salzen, pfeffern, mit dem frisch gepressten Zitronensaft und mit der Worcestersauce kräftig einreiben. Die Fischfilets in mundgerechte Stücke schneiden.

Die Pfanne mit der Butter ausreiben.

Schalotten und Champignons klein schneiden, in die Pfanne legen und die Filetstücke darauf geben.

Anschließend den Weißwein darüber gießen, und alles zugedeckt bei geringer Hitze etwa 10 Minuten dünsten.

Danach die Krabben und die Muscheln dazugeben.

Mit einem Schneebesen die Schlagsahne unterrühren und alles kurz noch einmal aufkochen.

Zum Schluss den geschnittenen Dill über das Fischragout streuen und heiß servieren.

Tipp Für ein Büffet multiplizieren Sie die Zutaten für dieses Rezept mit der Anzahl der Gäste.

Ornamentierte Zucchini

1 Zucchini waschen, trocknen, längs halbieren und in gleichmäßige Stücke schneiden.

2 Mit einem spitzen Messer Ornamente oder Buchstaben in die grüne Zucchinischale ritzen.

3 Noch einfacher ritzen Sie die Ornamente mit einem Kanneliermesser aus dem Fachhandel in die Schale.

4 Zucchini kurz in Butter schwenken, salzen, mit Petersilie bestreuen und zu Fleischgerichten reichen.

Tipp Möchten Sie die Zucchini als Beilage verwenden, sollten Sie junge Früchte auswählen. Denn diese sind nicht nur saftiger als ihre größeren Verwandten, sondern haben auch weniger Kerne und besitzen darüber hinaus ein festeres Fruchtfleisch.

Gefüllte Seezungenröllchen

Für Pfannen mit Deckel
4 Portionen
Braucht etwas Zeit

Für den Fisch:
- 600 g Seezungenfilets
- Saft einer Zitrone
- Salz, Pfeffer aus der Mühle
- 1 EL Butter
- 1 fein gehackte Schalotte
- 1 Döschen gemahlener Safran
- 4 EL weißer Portwein
- 200 ml süße Sahne
- 4 Portionen ornamentierte Zucchini

Für die Füllung:
- 100 g Krabben
- 2 EL Semmelbrösel
- 1 EL Crème fraîche
- 1 Bund Schnittlauch, fein geschnitten

Außerdem: 1 Mixer

Die Fischfilets kalt abwaschen, mit Küchenpapier trockentupfen und auf ein großes Küchenbrett legen.

Jedes Filet von beiden Seiten mit etwas Zitronensaft beträufeln, salzen und pfeffern. Eine Weile in dieser Zitronenmarinade ziehen lassen.

Für die Füllung die Krabben, die Semmelbrösel und die Crème fraîche in den Mixer geben und pürieren.

Die Füllung in einer Schüssel mit den Schnittlauchröllchen, Salz, Pfeffer und Zitronensaft würzen.

Die Fischfilets mit der Füllung bestreichen und gut zusammenrollen.

Rollen Sie die gefüllten Filets von der Schmalseite her auf. Sollten Sie nicht zusammen halten, stecken Sie sie einfach mit Zahnstochern fest, die Sie vor dem Servieren herausnehmen.

Die Butter in der Pfanne erhitzen und die Schalottenwürfel bei mittlerer Temperatur weich dünsten.

Die Temperatur erhöhen, den Safran dazugeben und kurz mitbraten. Dann erst den Portwein angießen und gut in der Sauce verrühren.

Die Sauce einmal aufkochen. Die Temperatur herunterschalten und die Sahne dazugeben. Etwa 2 Minuten köcheln lassen.

Zum Schluss die Fischröllchen und die ornamentierten Zucchini in die Pfanne legen und den Deckel schließen. Die Fischfilets brauchen bei kleiner Temperatur etwa 7 bis 8 Minuten, bis sie gar sind.

Tipp Obwohl diese Seezungenröllchen so zart und aromatisch schmecken, dass sie auf der Zunge zergehen, sind sie relativ schnell gemacht. Scheuen Sie sich nicht, alle Zutaten für die Füllung in den Mixer zu geben. Das Ergebnis lohnt dieses Experiment. Sollte die Füllung zu fest werden, geben Sie einfach teelöffelweise Wasser dazu.
Servieren Sie die Röllchen mit Salzkartoffeln und ornamentierten Zucchini als Beilage. Statt der ornamentierten Zucchini passen übrigens auch ornamentierte Gurken oder Kürbisstückchen zu den Seezungenröllchen.

Thunfischrisotto

2 Portionen
Braucht etwas Zeit

- 1 Zwiebel • 2 EL Öl
- 160 g Mittelkornreis (Avorio)
- 650–700 ml Fleischbrühe (Instant)
- 1 kleiner Zucchino • 1 Fleischtomate
- 1 EL Tomatenmark
- 1 Dose Thunfisch in Öl
- 100 g Erbsen (TK)
- Salz, Pfeffer aus der Mühle
- 1 EL Butter • 1 EL ger. Parmesankäse
- ½ Bund Petersilie

Die Zwiebel schälen, fein hacken und in einer tiefen, beschichteten Pfanne im heißen Öl andünsten.

Den Reis einrühren und etwa 1 Minute mitbraten, dann 650 ml Brühe angießen. 15 Minuten köcheln lassen.

Inzwischen den Zucchino waschen, längs halbieren und in dünne Scheiben schneiden.
Die Fleischtomate zum Beispiel mit einem Sieb oder Schaumlöffel kurz in kochendes Wasser tauchen, häuten, den Stielansatz entfernen und das Fruchtfleisch würfeln.

Den Thunfisch abtropfen lassen.

Die Petersilie abbrausen, trockenschütteln und die Blättchen fein hacken.

Zucchinischeiben, Tomatenwürfel und Tomatenmark zum Reis geben, gegebenenfalls noch etwas Brühe angießen, weitere 5 Minuten schmoren.

Den Thunfisch und die Erbsen zugeben. Mit Salz und Pfeffer würzen.

Noch 5 Minuten bei schwacher Temperatur im Reis ziehen lassen.

Etwa 1 Minute vor Ende der Garzeit die Butter und den Parmesan unterrühren. Dabei den Thunfisch »schonen«.

Das Risotto mit Petersilie bestreut servieren.

Tipp Richtig körnig wird das Risotto leider nur mit dem passenden Reis. Hierzulande ist der original Rundkornreis wie Avorio-Reis aber nicht überall erhältlich. Sie finden ihn jedoch meist in Feinkostläden oder gut sortierten Supermärkten, und natürlich auch in den italienischen Läden, die es in vielen Städten gibt.
Langkornreis wie Patna, Basmati und die parboiled-Sorten sind für Risotto nur bedingt geeignet. Sie quellen nicht so schön wie Rundkornreis, der viel Flüssigkeit aufnimmt, ohne matschig zu werden.

Maispuffer mit Krabben

2 Portionen
Raffiniert

- 400 g Kartoffeln
- 2 Schalotten
- 1 kleine Dose Gemüsemais (Einwaage 140 g)
- 100 g gegarte Krabben und 2–4 gegarte Scampi (frisch oder TK)
- ½ Bund glatte Petersilie
- 1 Ei
- 1 TL Speisestärke
- Salz, Pfeffer aus der Mühle
- ½ TL Ingwerpulver
- 2 EL Öl
- 1 EL Butter

Die Kartoffeln waschen, schälen und auf einer Reibe grob raffeln. Die Schalotten schälen und fein hacken. Mais und Scampi gut abtropfen lassen. Die Petersilie abbrausen, trockenschütteln und fein hacken.

Dieses vorbereitete Gemüse und die Krabben mit Ei, Stärke, Salz, Pfeffer und Ingwerpulver verrühren.

Das Öl und die Butter erhitzen. Von der Kartoffelmasse jeweils 1 Esslöffel abnehmen, in die Pfanne geben und zu einem Puffer flach drücken. Die Maispuffer bei mittlerer Temperatur auf jeder Seite 5–10 Minuten braten.

Mit den ebenfalls erwärmten ganzen Scampi servieren.

Tipp Sie können anstelle der Kartoffeln auch 100 g Maisgrieß (Polenta) und zusätzlich 1 Esslöffel Crème fraîche mit den übrigen Zutaten vermischen.
Das Ei dann trennen und den steif geschlagenen Eischnee zum Schluss vorsichtig unterziehen. Die Bratzeit dieser Puffer beträgt etwa die Hälfte

Zanderfilets mit Pfeffersauce

1 Pfanne mit Deckel
2 Portionen
Besonders fein

Für den Fisch: • **2 Zanderfilets** • **2 TL Zitronensaft** • **Salz, Pfeffer aus der Mühle** • **1 EL weiche Butter** • **2 TL Schnittlauchröllchen**

Für die Sauce: • **2 TL gehackte Zwiebeln** • **1 EL Butter** • **2 EL Weißwein** • **1 EL rosa Pfefferkörner** • **½ Becher Sahne (175 ml)** • **Salz, Pfeffer aus der Mühle**

Die Fischfilets kalt abwaschen, trockentupfen, salzen und pfeffern. Mit einem Teelöffel Zitronensaft einreiben und in den Kühlschrank stellen.

Die Fischfilets aus dem Kühlschrank nehmen.

Für die Sauce die Butter in der Pfanne erhitzen und die Zwiebelwürfel glasig andünsten – sie dürfen in keinem Fall bräunen oder anbraten.

Die Temperatur herunterschalten. Die Fischfilets in die Pfanne legen, bei geringer Wärme in 6 bis 7 Minuten garen. Die Filets aus der Pfanne nehmen.

Sie stellen die Filets am besten zugedeckt oder in Alufolie in den auf 60 °C vorgeheizten Backofen.

Den Weißwein und den rosa Pfeffer zur Sauce geben. Die Temperatur heraufschalten und alles einmal aufkochen lassen. Dann die Temperatur herunterschalten, die Sahne in die Sauce rühren, bei mittlerer Temperatur etwas einkochen lassen und mit Salz und Pfeffer pikant abschmecken.

Den Herd ausschalten, die Filets nochmals kurz in der Sauce erwärmen und anschließend servieren.

Zu diesen Zanderfilets passen Baguettescheiben mit Kressebutter. Dazu vermischen Sie 1 EL gehackte Kresse mit 2 EL weicher Butter und schmecken die Kressebutter sehr würzig mit Salz und Pfeffer ab.

Streichen Sie die Kressebutter auf getoastete Baguettescheiben und servieren Sie sie zum Filet, das Sie mit Schnittlauchröllchen bestreuen.

Tipp Ersetzen Sie die rosa Pfefferkörner nicht durch anderen Pfeffer. Rosa Pfefferkörner sind die Früchte der in Südamerika beheimateten und vor allem auf der Insel Réunion angebauten Schinuspflanze. Sie schmecken eher wie milde Wacholderbeeren.
Den Geschmack können Sie noch intensivieren, wenn Sie den roten Pfeffer mit Korianderkörnern vermischen.

Kartoffelpuffer mit Lachs

2 Portionen
Raffiniert

- 400 g Kartoffeln
- 1 kleine Zwiebel
- 1 Ei
- Salz, Pfeffer aus der Mühle
- 4 Scheiben Räucherlachs
- 2 EL Crème fraîche
- 1 TL ger. Meerrettich (aus dem Glas)
- 1 Spritzer Zitronensaft
- ½ Bund Dill oder Kerbel
- Butterschmalz zum Braten

Die Kartoffeln waschen und schälen, die Zwiebel schälen. Beides auf einer Reibe grob raffeln und gut vermischen.

Die Masse anschließend auf Küchenkrepp ausbreiten, damit die Flüssigkeit aufgesaugt wird.

Die Kartoffel-Zwiebel-Mischung mit Ei, Salz und Pfeffer gut verrühren.

Das Butterschmalz erhitzen, jeweils 2 Esslöffel Teig in das heiße Fett geben und flach drücken. Die Puffer bei mittlerer Temperatur auf jeder Seite etwa 7 Minuten braten, bis sie goldbraun sind.

In der Zwischenzeit den Lachs in Streifen schneiden.

Für die Sauce Crème fraîche mit Meerrettich und Zitronensaft verrühren.

Dill oder Kerbel abbrausen, trocken schütteln, die Blättchen abzupfen und fein hacken.

Die fertigen Puffer auf zwei Tellern anrichten. Die Lachsstreifen appetitlich auf den Puffern anrichten und einen Klecks Meerrettichsauce in die Mitte setzen. Mit Dill oder Kerbel bestreuen und sofort servieren.

Remoulade zum Fisch

4 Portionen
Raffiniert

- 4 EL fertige Majonäse
- 1 Schalotte
- 150 g Gewürzgurken oder Cornichons
- 1 EL Kapern
- etwas Senf (Dijon)
- etwas Kräuteressig
- 1 TL frisch gehackter Kerbel oder Estragon

Die Schalotte in möglichst kleine Würfel schneiden, anschließend kurz überbrühen und in einem Sieb abtropfen und auskühlen lassen.

In der Zwischenzeit die Gewürzgurken so fein wie möglich würfeln.

Die Kapern sehr klein hacken.

Alle Zutaten unter die Majonäse rühren.

Die Remoulade mit Dijonsenf, Kräuteressig und frisch gehacktem Kerbel oder Estragon würzig abrunden.

Fischcurry

4 Portionen
Raffiniert

- 500 g Filets von frischen Meeresfischen
- 200 g frisches Gemüse
- 1–2 klein geschnittene Chilischoten
- Saft von 1 Zitrone
- 2 TL Currypaste aus der Packung
- 1 EL Fischpaste
- 1 TL brauner Zucker
- ½ Bund frisches Thai-Basilikum
- Pfeffer
- 1 Dose Kokosmilch (400 ml)

Die Fischfilets in Stücke schneiden. Salzen, pfeffern, mit Zitronensaft beträufeln und beiseite stellen.

Das Gemüse klein schneiden.

Von der Kokosmilch 4 Esslöffel Sahne abschöpfen und beiseite stellen. Übrige Kokosmilch in der Pfanne aufkochen.

Die Hitze herunterschalten, den Fisch jeweils 4 Minuten von jeder Seite in der leicht kochenden Milch ziehen lassen.

Den Fisch herausnehmen und beiseite stellen.

Das Gemüse in die Sauce geben und mit Zucker, Currypaste und Fischsauce würzen und 5 Minuten köcheln.

Die 4 Esslöffel abgeschöpfte Kokosmilch und die Fischstücke in die Sauce geben, pfeffern, Chili dazugeben und alles heiß werden lassen.

Mit Thai-Basilikum servieren.

Reis-Möhrenpuffer mit Lachs

2 Portionen
Braucht etwas Zeit

Für den Reispuffer:
- 200–250 g Reis (gekocht)
- 2 Eier
- 2 EL Naturjoghurt (3,5 % Fett)
- 3 EL Mehl
- 2 kleine Möhren
- Salz, Pfeffer aus der Mühle
- 1 EL Öl

Für die Sauce:
- 3 EL Naturjoghurt (3,5 % Fett)
- 2 TL Crème fraîche
- 1 TL ger. Meerrettich (aus dem Glas)
- Salz, weißer Pfeffer
- 1 Spritzer Zitronensaft
- ½ Bund Dill

Außerdem: 2 große Scheiben Räucherlachs

Für den Puffer Eier, Joghurt und Mehl mit dem gekochten Reis vermischen.

Die Möhren waschen, schälen und fein raspeln, mit der Eiermasse mischen. Mit Salz und Pfeffer würzen.

Zutaten für die Sauce vermischen.

Den Lachs in Streifen schneiden.

Das Öl erhitzen, die Puffermasse hineingeben und flach drücken. Den Reispuffer in 5 bis 10 Minuten goldbraun braten. Wenden und auf der anderen Seite 5 Minuten weiterbraten.

Den Puffer halbieren, den Lachs und die Sauce darauf anrichten.

Rotbarschfilet mit Safran-Risotto

Für Pfannen mit Deckel
2 Portionen
Preiswert

- 1 kleine Zwiebel • 1 EL Öl
- 100 g Mittelkornreis (Avorio)
- 300–350 ml Fleischbrühe (Instant)
- 100 g Kräuterschmelzkäse
- 1 Msp. Safran
- Pfeffer aus der Mühle
- 250 g Rotbarschfilet
- 1 EL Zitronensaft
- 1 Fleischtomate • 1 Bund Dill
- Salz

Die Zwiebel schälen, fein hacken und in der Pfanne andünsten.

Den Reis dazugeben und kurz anbraten. Dann 300 ml Brühe angießen, den Schmelzkäse unterrühren und mit Safran und Pfeffer würzen. Das Risotto zugedeckt 20 Minuten bei schwacher Temperatur garen. Eventuell Brühe nachgießen.

Das Fischfilet in mundgerechte Stücke schneiden und mit Zitronensaft beträufeln. Die Tomate häuten, Stielansatz und Kerne entfernen und würfeln. Den Dill abbrausen, trockenschütteln und fein hacken.

5 Minuten vor Ende der Garzeit die Fischfiletstückchen und die Tomatenwürfel vorsichtig unter das Risotto mischen und mitgaren.

Zum Schluss mit Salz und Pfeffer abschmecken und den Dill unterheben.

Tipp Zum Safran-Risotto schmeckt Goldbarschfilet genauso gut.

Paella mit Fisch

Für Pfannen mit Deckel
2 Portionen
Braucht etwas Zeit

- 250 g Fischfilet • 100 g Krabben (TK)
- 1 Zwiebel
- 3 Knoblauchzehen
- 3 Champignons • 2 EL Öl
- 100 g Mittelkornreis (Avorio)
- 300 ml Geflügelfond (aus dem Glas)
- 1 Tomate • 50 g Erbsen (TK)
- Salz, Pfeffer aus der Mühle
- ½ TL Paprikapulver (edelsüß)
- 2 Msp. Safran • ½ Bund Petersilie

Das Fischfilet in Stücke schneiden.

Die Zwiebel und die Knoblauchzehen schälen und fein hacken. Die Champignons putzen und blättrig schneiden.

Das Öl erhitzen und die Zwiebeln darin anbraten, bis sie goldbraun sind. Dann den Knoblauch und die Champignons zufügen und kurz mitdünsten.

Den Reis einrühren und den Geflügelfond angießen.

Die Paella bei schwacher Temperatur zugedeckt 5 Minuten garen. In der Zwischenzeit die Tomate häuten und das Fruchtfleisch würfeln.

Tomatenwürfel, Fischstücke, Krabben und Erbsen unter die Paella mischen, mit Salz, Pfeffer und Paprika kräftig würzen. In der offenen Pfanne weitere 10 bis 15 Minuten garen.

Die Petersilie kalt abbrausen, trockenschütteln, die Blätter abzupfen und fein hacken. Die Paella kurz vor Ende der Garzeit mit dem Safran würzen. Mit Petersilie bestreut servieren.

Miesmuscheln in würzigem Sud

4 Portionen
Ganz einfach

- 1 kg Miesmuscheln • 2 Zwiebeln
- 2 EL Butter • ⅛ l Weißwein
- 2 EL gehackte Petersilie
- 1 EL gemischte, frisch gehackte Kräuter (z. B. Dill, Rosmarin, Salbei)
- Salz, Pfeffer aus der Mühle

Die Muscheln unter fließendem Wasser säubern. Nur gut geschlossene Muscheln verwenden.

Zwiebeln und Petersilie in einer tiefen Pfanne in Butter andünsten, die Muscheln und die übrigen Zutaten dazu geben und bei geschlossenem Deckel kochen, bis sich die Muscheln öffnen. Nur die geöffneten Muscheln nehmen!

Sofort heiß in vorgewärmten Tellern servieren.

Tipp Ist Ihre Pfanne zu klein, kochen Sie das Gericht in einem großen Topf.

Pfannenfisch mit Zucchinigemüse

2 Portionen
Preiswert

- 300 g Kartoffeln (gekocht)
- 150 g Schollenfilet
- 1 EL Zitronensaft
- Salz, Pfeffer aus der Mühle
- 3 Frühlingszwiebeln
- 1 kleiner Zucchino
- 1 EL Öl
- 100 ml Wasser
- 1 EL Crème fraîche
- 2 EL Senf (mittelscharf)
- 1 TL Estragon (getrocknet)
- ½ TL Dill (getrocknet)

Den Fisch in mundgerechte Stücke teilen, mit Zitronensaft beträufeln, salzen und pfeffern. Einige Minuten gar ziehen lassen.

Inzwischen die Kartoffeln pellen und in Scheiben schneiden, die Frühlingszwiebeln putzen und in feine Ringe schneiden.

Den Zucchino gründlich waschen, Stiel- und Blütenansätze entfernen und in Scheiben schneiden.

Das Öl erhitzen, die Kartoffeln und den Fisch darin goldbraun anbraten.

Die Zwiebelringe und Zucchiniwürfel zufügen und 10 Minuten bei schwacher bis mittlerer Temperatur dünsten.

Eine Sauce aus Wasser, Crème fraîche, Senf, Estragon und Dill anrühren.

Den Pfannenfisch salzen und pfeffern, dann die Sauce unterrühren. Bei schwacher Temperatur weitere 3 Minuten köcheln lassen, dabei die Sauce etwas reduzieren. Sofort servieren.

Tipp Dazu passt gemischter Salat oder Blattsalat mit Essig-Öl-Dressing.

Grundrezept Steak braten

1 Portion
Besonders fein

- 1 gut abgehangenes Steak (ca. 200 g)
- Salz und Pfeffer aus der Mühle
- Fett, das sehr heiß wird wie Butterschmalz, Öl oder spezielle Pflanzenfette

- Fett in der Pfanne sehr heiß werden lassen.
- Das Fleischstück kurz und scharf anbraten: erst von der einen Seite, bis sich eine Kruste gebildet hat, die verhindert, dass der Fleischsaft austritt. Dann von der anderen Seite anbraten.
- Salzen, pfeffern und fertig braten.

Tipp Nach 2 Minuten Bratzeit bei starker Temperatur ist das Steak rare (innen rosa mit blutigem Kern).
Nach 1 Minuten Anbraten und jeweils 3 Minuten bei mittlerer Temperatur ist es medium (innen rosa).
Nach 5 Minuten Garzeit ist es well done (ganz durchgebraten).

Rindersteak in Kognakrahm

2 Portionen
Raffiniert

- 2 Rindersteaks (etwa 2 cm dick)
- 350 g Kartoffeln
- 100 g Sahne
- 3 EL Tomatenketchup
- 1 cl Kognak
- Salz, Pfeffer aus der Mühle
- 4 EL Öl

Außerdem: 1 gusseiserne oder dunkel emaillierte Pfanne

- Die Kartoffeln waschen, schälen und in sehr kleine Würfel (Kantenlänge ca. 0,5 cm) schneiden.
- 2 Esslöffel Öl in einer großen Pfanne erhitzen, die Kartoffelwürfelchen unter häufigem Wenden rösten, bis sie leicht zu bräunen beginnen. Dann auf einen Teller geben und zugedeckt warm halten.
- Steaks abspülen und trockentupfen. Das restliche Öl in die heiße Pfanne geben, die Steaks darin 1 Minute auf jeder Seite bei starker Temperatur bräunen, dann bei mittlerer Temperatur unter einmaligem Wenden nach Wunsch weiterbraten, anschließend leicht salzen und pfeffern. Steaks und Kartoffeln auf vorgewärmten Tellern anrichten.
- Den Bratfond mit der Sahne ablöschen. Das Ketchup und den Kognak schnell mit dem Schneebesen einrühren, die Sauce kurz aufkochen lassen.
- Die Sauce zum Schluss mit Salz und Pfeffer abschmecken und über Steaks und Kartoffelwürfel verteilen.

Kräuter-Senfbraten

4 Portionen
Besonders fein

- **1 Schweinefilet (etwa 500 g)**
- **5 Schalotten** • **1–2 EL Kräutersenf**
- **100 ml Brühe oder Weißwein**
- **1 Becher guter Joghurt**
- **1 EL saure Sahne**
- **je ½ Bund gehackte Petersilie, Basilikum und Kerbel (oder getrocknete Kräuter)** • **2 EL Öl**
- **Zucker, Salz, frisch gemahlener Pfeffer aus der Mühle**

Die Schalotten pellen und in kleine Würfel schneiden.

Das Öl in der Pfanne erhitzen.

Das Filet mit Salz und Pfeffer einreiben und im heißen Öl von allen Seiten anbraten.

Anschließend die klein geschnittenen Schalotten zufügen und unter Rühren leicht anbraten. Den Senf aufs Filet streichen, die Brühe dazugeben, den Deckel schließen und das Gericht bei mittlerer Temperatur 10 Minuten schmoren.

Anschließend das Fleisch herausnehmen und warm stellen.

Die Pfanne von der Feuerstelle nehmen, Sahne und Joghurt in die Sauce rühren und die Kräuter untermischen. Nach Belieben mit einer Prise Zucker abschmecken.

Das Fleisch in vier Portionen teilen und in die Sauce legen.

Tipp Die Sauce darf nicht mehr kochen, sonst bilden Sahne und Joghurt Flocken.

Kartoffelkörbchen

1 Etwa 500 Gramm mehlig kochende Kartoffeln schälen und in feine Streifen schneiden. Leicht salzen und Wasser ziehen lassen. Mit einem Küchentuch abtrocknen.

2 Öl in einem Topf erhitzen. Spezialsieb mit Doppelgriff oder ein größeres und ein kleines Sieb bereitlegen. Das größere Sieb mit Öl ausstreichen und ein Viertel der Kartoffelstreifen einfüllen. Das kleine Sieb fest in das größere pressen, sodass die Kartoffeln fixiert sind.

3 Mit Kartoffeln gefülltes Sieb ins heiße Öl geben und so lange frittieren, bis die Streifen goldbraun sind. Sieb aus dem Öl nehmen und auf Küchenkrepp abtropfen lassen.

4 Siebe trennen. Das Kartoffelkörbchen vorsichtig herausheben und bis zum Gebrauch warm stellen.

Kalbsröllchen mit Gemüse

4 Portionen
Raffiniert
Braucht etwas Zeit

Für die Kalbsröllchen: • 4 dünne Kalbsschnitzel • Salz • frisch gemahlener weißer Pfeffer • 125 g Schweinehackfleisch • 60 g eingelegte Morcheln • 3 EL Madeira • 30 g Butter • 1 EL Zwiebelwürfel • 2 TL Mehl • 100 ml Weißwein • 3 Stängel Petersilie • ½ Lorbeerblatt • 100 ml Fleischbrühe

Für die Gemüsekörbchen: • 2 Möhren • ½ kleiner Blumenkohl • 2 junge Kohlrabi • 30 g Butter • Kartoffelkörbchen aus 500 g mehlig kochenden Kartoffeln

- Kalbsschnitzel auf beiden Seiten mit Salz und Pfeffer würzen.
- Hackfleisch in eine Schüssel geben. Morcheln fein schneiden und mit dem Madeira unter das Fleisch mischen.
- Schnitzel mit der Hackfleischmischung bestreichen, aufrollen und mit Küchengarn zusammenbinden.
- In einem Topf die Butter zerlassen, die Röllchen hineinlegen und ringsum anbraten. Zwiebelwürfel zugeben, kurz andünsten. Mehl aufstreuen, mit Weißwein ablöschen. Gewaschene Petersilie und Lorbeerblatt zugeben.
- Zugedeckt zehn Minuten garen, mit Brühe übergießen und weitere 25 Minuten garen.
- Inzwischen Möhren und Blumenkohl putzen. Möhren in Scheiben schneiden, Blumenkohl in Röschen teilen. Getrennt in Salzwasser bissfest kochen.
- Kohlrabi schälen, in Salzwasser bissfest kochen. Mit einem Kugelausstecher Kugeln aus den Kohlrabis stechen.
- Gemüse in zerlassener Butter schwenken und in den vorbereiteten Kartoffelkörbchen anrichten.
- Fleisch herausnehmen, Garn entfernen. Sauce durch ein Sieb passieren.
- Röllchen auf vorgewärmten Tellern verteilen, jeweils ein gefülltes Kartoffelkörbchen daneben stellen. Das Fleisch mit einem Saucenspiegel versehen.

Schweinefilet mit Pfirsichspalten

4 Portionen
Lässt sich gut vorbereiten

- 500 g Schweinefilet
- 200 ml Brühe (Instant)
- 1 EL Crème fraîche
- ½ TL Curry
- je 3 gehäufte EL Tomatenmark und Tomatenketchup
- 3 EL Essig
- 1–2 EL Zucker
- 700 g Pfirsiche aus der Dose
- 3 EL Pfirsichsaft

Aus Curry, Ketchup, Tomatenmark, Essig und Zucker eine sämige Würzsauce anrühren.

Das Fleisch in schmale Streifen schneiden, kurz in Öl anbraten, ein wenig salzen und pfeffern.

Die Würzsauce kurz darin anbraten, dann alles rasch mit Brühe und Pfirsichsaft ablöschen.

Die Temperatur herunterschalten.

Das Gericht weiterdünsten und eventuell noch etwas Brühe oder Würzsauce dazugeben.

In der Zwischenzeit die Pfirsiche in Spalten schneiden.

Die Crème fraîche unter die Sauce rühren und die Pfirsichspalten darin miterwärmen.

Tipp Dazu passen Nudeln und Reis.

Schweinefilet in Käse-Salbei-Sauce

4 Portionen
Ganz einfac

- 4 Schweinefilets à 150 g
- Öl
- 1 TL getrockneter Salbei oder 10 frische Salbeiblätter
- 150 g alter Gouda
- ¼ l Brühe (Instant)
- 125 ml Sahne
- 100 g gekochter, gewürfelter Schinken
- Paprikapulver, Crème fraîche, Salz, Pfeffer aus der Mühle

Die Schweinefilets rundum mit Salz, Pfeffer und etwas Salbei einreiben und in der Pfanne mit dem Öl und dem Schinken anbraten.

Mit der Brühe ablöschen und etwa 5 Minuten bei geringer Temperatur köcheln lassen.

Den Gouda ganz klein würfeln, Salbei dazugeben (Salbeiblätter so klein wie möglich schneiden) und mit der Sahne vermischen.

Die Filets mit der Sauce übergießen und ca. 20 Minuten leicht schmoren.

Zum Schluss die Crème fraîche unterrühren und die Sauce abschmecken.

Tipp Verwenden Sie möglichst frischen Salbei oder ganze Salbeitee-Blätter.

Bœuf Stroganoff

4 Portionen
Raffiniert

- 700 g zartes Rinderfilet
- 150–200 g Champignons
- 2 kleine Zwiebeln
- 2 mittelgroße Gewürzgurken
- Tomatenmark
- frisch gepresster Saft von 1 Zitrone
- ⅛ l saure Sahne
- 50 g Butter oder Margarine
- Salz • Pfeffer aus der Mühle
- 1 TL Senf • ¼ l Brühe

Das Rinderfilet waschen, abtupfen und in Streifen schneiden.

Butter in die Pfanne geben und das Fleisch bei starker Temperatur kurz anbraten. Dann mit Salz und Pfeffer würzen und warm stellen.

Die Zwiebeln klein würfeln. Die Pilze putzen oder waschen. Den Stiel herausdrehen und in Scheiben schneiden.

Die Pilzhäubchen und die Gewürzgurken würfeln.

Die Zwiebeln in der Pfanne mit Butter goldgelb anrösten, mit Mehl überstäuben und mit Brühe auffüllen.

Die Champignon- und Gurkenwürfel in die Pfanne geben, umrühren und mit Sahne, Senf, Tomatenmark und Zitronensaft abschmecken.

Zum Schluss das Fleisch hinzugeben und wieder warm werden lassen.

Tipp Verwenden Sie für ein Bœuf Stroganoff nur sorgfältig von Fett und Häuten gesäubertes Rinderfilet.

Hackfleischbällchen-Gemüsepfanne

4 Portionen
Ganz einfa[ch]

- 400 g Rinderhackfleisch
- 400 g Brokkoli • 1 Zwiebel • 4 Tomaten
- 2 EL Butterschmalz
- ½ Tasse Brühe (Instant)
- 1 Packung Minimozzarella
- Salz, Pfeffer aus der Mühle, Schnittlauch

Brokkoliröschen in kochendem Salzwasser 4 Minuten kochen, abgießen, eiskalt abschrecken und abtropfen lassen.

Rinderhackfleisch salzen, pfeffern und Bällchen formen.

Die gewaschenen Tomaten in Spalten schneiden, den Mozzarella halbieren.

Bällchen braten und beiseite stellen.

Die Zwiebel schälen, würfeln und im Bratfett glasig werden lassen.

Den Brokkoli kurz mitbraten, die Brühe dazugießen und den Brokkoli darin etwa 3 Minuten garen.

Die Hackfleischbällchen und die Tomaten dazugeben, erhitzen.

Die Mozzarellahälften kurz zugedeckt anschmelzen.

Tipp Das Foto zu diesem Gericht sehen Sie auf der Umschlagvorderseite.

Rinderfilet im Gemüsekranz

2 Portionen
Besonders fein

- 250 g Rinderfilet
- 2 EL Öl
- Pfeffer aus der Mühle • Salz
- 100 g Gemüsemais (aus der Dose)
- 2 Tomaten
- 100 g grüne Bohnen (TK)
- 1 TL Thymian (getrocknet)
- 1 EL Crème fraîche

Das Rinderfilet abspülen, trockentupfen, in Scheiben schneiden und mit Öl und Pfeffer einreiben. Das Filet ohne weitere Fettzugabe auf jeder Seite 3 Minuten braten, herausnehmen, salzen und im Backofen (90 °C) warm stellen.

Den abgetropften Mais und die geputzten Bohnen im Bratensatz 5 Minuten dünsten.

Die Tomaten heiß überbrühen, häuten, das Fruchtfleisch würfeln und zum Mais und den Bohnen geben.

Das Gemüse mit Thymian, Salz und Pfeffer würzen und weitere 5–10 Minuten schmoren lassen. Zum Schluss die Crème fraîche einrühren.

Das Gemüse auf vorgewärmte Teller geben und das Rinderfilet darauf legen.

Schnelles Gulasch

2 Portionen
Ganz einfach

- 350 g Nudeln (gekocht)
- 300 g Rindfleisch in Würfeln
- 1 Zwiebel
- je 1 rote und grüne Paprikaschote
- 5 Champignons
- 2 Tomaten
- 1 EL Tomatenketchup
- ½ TL Paprikapulver (edelsüß)
- Salz
- Cayennepfeffer

Das Fett vom Rindfleisch abnehmen und beiseite stellen, das Fleisch würfeln. Die Zwiebel schälen und grob hacken. Die Paprikaschoten waschen, halbieren und in feine Streifen schneiden. Die Champignons putzen und blättrig schneiden.

Das Rinderfett erhitzen, die Zwiebel darin andünsten. Das Fleisch zugeben und kurz anbraten.

Paprikastreifen und Champignons unterrühren und 10 Minuten bei schwacher Temperatur schmoren lassen.

Inzwischen die Tomaten häuten, den Stielansatz entfernen, das Fruchtfleisch würfeln und zugeben. Weitere 5 Minuten köcheln lassen.

Das Gulasch mit Ketchup, Paprikapulver, Salz und Cayennepfeffer abschmecken.

Die Nudeln untermischen und nochmals kurz erhitzen. Heiß servieren.

Tipp Dazu passt ein leichter Kopfsalat.

Schweinefilet mit Gorgonzola-Sauce

4 Portionen
Ganz einfach

- 600 g Schweinefilet
- ½ Becher süße Sahne (175 ml)
- Öl
- 100 ml Brühe (Instant)
- 200 g Gorgonzola oder Roquefort
- Salz und Pfeffer aus der Mühle

Das ganze Filet in Öl in der Pfanne anbraten, salzen und pfeffern, etwas Wasser angießen und 15 Minuten zugedeckt schmoren. Filet aus der Pfanne nehmen und in Folie warm halten.

Bratenfond mit der Brühe und der Sahne auffüllen, aufkochen und den Käse darin schmelzen. Salzen und pfeffern. Das Filetstück in Scheiben schneiden und mit der Sauce servieren.

Koteletts in Basilikumsahne

2 Portionen
Raffiniert

- 2 Filetkoteletts vom Schwein
- 1 Bund frisches Basilikum
- 200 ml Weißwein (trocken)
- 1 kleiner Zucchino
- 2 TL Pflanzenmargarine
- Salz, Pfeffer aus der Mühle
- 50 g Sahne
- 1 EL Speisestärke

Die Basilikumstängel kurz unter kaltem Wasser abbrausen und trockenschütteln.

Die Basilikumblättchen von den Stängeln zupfen, fein hacken und in eine große, flache Schüssel geben. Mit dem Weißwein auffüllen.

Die Koteletts kalt abspülen, trockentupfen und in der Wein-Marinade 10 Minuten ziehen lassen.

In der Zwischenzeit den Zucchino waschen, Stiel- und Blütenansätze entfernen und den Zucchino in dünne Scheiben schneiden.

1 Teelöffel Margarine erhitzen, die Zucchinischeiben darin 10 Minuten dünsten. Dabei leicht salzen und pfeffern. Herausnehmen und im vorgeheizten Backofen (90 °C) warm stellen.

Die Koteletts aus dem Wein nehmen und abtupfen. Die restliche Margarine erhitzen und die Koteletts darin auf jeder Seite bei mittlerer Hitze 4–5 Minuten braten.

Das Fleisch herausnehmen und ebenfalls im Backofen warm stellen.

Den Bratensatz mit dem Weinsud ablöschen und erhitzen. Die Sahne mit der Speisestärke verrühren und zum Wein geben. Die Sauce einmal aufkochen lassen und mit Salz und Pfeffer pikant abschmecken.

Die Koteletts und das Zucchinigemüse damit übergießen.

Tipp Basilikum ist eine Gewürzpflanze, die ursprünglich aus Indien stammt, wo eine Basilikumart bis heute heilig ist. Basilikum oder Königskraut (basileus [gr.] = König) wird seit Karl dem Großen auch in Deutschland angebaut.

Ihr Töpfchen frisches Basilikum hält sich länger, wenn Sie die Blättchen nicht einzeln abrupfen, sondern immer gleich einen ganzen Trieb abknipsen – am besten mit den Fingernägeln.

Thymianfilet mit Baguette

2 Portionen
Raffiniert

- 300 g Schweinefilet
- Salz, Pfeffer aus der Mühle
- 1 TL Senf (scharf)
- 2 EL Öl
- 1 kleine Zwiebel
- 5 Zweige Thymian
- 100 g grüne Bohnen (TK)
- 50 ml Weißwein (trocken)
- 2 EL Sahne
- ½ Baguette
- 1 kleine Knoblauchzehe
- 1 EL weiche Butter

Das Schweinefilet kurz kalt abbrausen, trockentupfen und in etwa 1 cm dicke Scheiben schneiden. Salzen, pfeffern und auf einer Seite mit Senf bestreichen.

Die Zwiebel schälen und in feine Ringe schneiden.
Die Thymianblättchen fein hacken.

Das Öl erhitzen und die Filetstücke darin bei mittlerer bis starker Temperatur auf jeder Seite 3 Minuten braten.

Die Filetstücke herausnehmen, auf einen vorgewärmten Teller legen und zugedeckt warm halten.

Die Zwiebel, den Thymian und die Bohnen im verbliebenen Fett schmoren.

In der Zwischenzeit die Knoblauchzehe schälen, pressen und mit der Butter und etwas Salz verkneten. Das Baguette aufschneiden und damit bestreichen.

Den Wein zur fertigen Zwiebel-Bohnen-Mischung gießen, aufkochen lassen und die Sauce mit Sahne, Salz und Pfeffer abschmecken.

Die Filetstückchen noch einmal kurz in der Sauce miterwärmen, dann mit dem Knoblauchbaguette servieren.

Kartoffelblüten

1 Ein Kilogramm mehlig kochende Kartoffeln schälen, in Stücke schneiden und in Salzwasser weich kochen.

2 Kartoffeln stampfen, einen Viertelliter Milch, zwei Esslöffel Sahne, einen Esslöffel Butter, Salz und etwas Muskat zufügen und mit dem Schneebesen aufschlagen.

3 Kartoffelbrei in einen Spritzbeutel mit Sterntülle füllen und auf ein gebuttertes Backblech spritzen. Im vorgeheizten Backofen bei 200 °C einige Minuten goldgelb backen.

4 Fertige Kartoffelblumen auf einer Platte oder Tellern anordnen. Mit Petersilie garnieren.

Tipp Kartoffelbrei lässt sich mit Tomatenmark oder etwas Paprika hervorragend rot färben.

Fruchtige Entenbrust

2 Portionen
Braucht etwas Zeit

- **400 g Entenbrust**
- **2 EL Öl**
- **Salz, Pfeffer aus der Mühle**
- **200 ml Brühe (Instant)**
- **200 g Pfifferlinge**
- **1 Zwiebel**
- **1 säuerlicher Apfel**
- **1 Zweig Salbei (oder 1 TL getrockneter Salbei)**
- **2–3 EL Preiselbeeren**
- **Zitronensaft**

Die Entenbrust in einer großen Pfanne in heißem Öl von beiden Seiten anbraten. Wenn das Fleisch braun ist, mit Salz und Pfeffer würzen und bei kleiner Temperatur 15 bis 20 Minuten weiterbraten. Zwischendurch wenden.

In der Zwischenzeit die Pfifferlinge abtropfen lassen, die Zwiebeln abpellen und klein hacken. Den Apfel schälen, entkernen und in Spalten oder Scheiben schneiden. Den Salbei fein hacken.

Pfifferlinge, Zwiebeln, Apfel, Salbei und Preiselbeeren zur Entenbrust geben und einige Minuten mitbraten.

Dann den Bratenfond mit Brühe aufgießen und den Deckel der Pfanne schließen.

Die Sauce mit Salz, Pfeffer und Zitronensaft kräftig abschmecken

Tipp Servieren Sie dieses feine Gericht am besten mit den leckeren Kartoffelblüten, die Sie auf den Tellerrand legen, und einem frischen Salat.

Flotte Hähnchenbeine

3 Portionen
Preiswert

- **3 Hähnchenschenkel**
- **Öl**
- **Salz, Pfeffer aus der Mühle**
- **Curry oder Paprika**

Die Hähnchenschenkel salzen, pfeffern und nach Belieben mit Paprika oder Curry einreiben. Mit 400 ml kochendem Wasser überbrühen und bei mittlerer Temperatur weich garen.

Die Hähnchenschenkel aus der Pfanne nehmen, die Brühe abgießen.

Pfanne säubern und die Hähnchenschenkel im Öl knusprig braun braten.

Dazu schmeckt jedes Pfannengemüse, Pommes frites oder ein Salat.

Tipp Die Brühe abkühlen lassen und z. B. für Frikassee einfrieren.

Saltimbocca

2 Portionen
Raffiniert

- 2 dünne Kalbsschnitzel
- Pfeffer aus der Mühle
- 4 Blättchen Salbei
- 2 Scheiben Parmaschinken
- Salz
- 1 EL Mehl
- 1 EL Pflanzenmargarine
- 3 cl Weißwein (trocken)

Außerdem: 2 Schaschlikspieße

Die Schnitzel kalt abspülen, trockentupfen und leicht flach drücken. Beide Seiten mit etwas Pfeffer bestreuen.

Je 2 Blättchen auf ein Schnitzel legen, und darauf eine Schinkenscheibe.

Die Schnitzel zusammenklappen, mit einem Holzspießchen feststecken, leicht salzen und mit Mehl bestäuben.

Die Margarine erhitzen. Die Schnitzel darin auf jeder Seite etwa 5 Minuten bei mittlerer Temperatur braten, bis sie goldbraun sind. Dann auf einen vorgewärmten Teller legen und warm stellen.

Den Bratfond mit dem Weißwein ablöschen, kurz aufkochen lassen. Die Sauce über das Fleisch geben.

Wiener Schnitzel

4 Portionen
Besonders fein

- 4 dünne Kalbsschnitzel
- Butterschmalz
- 1 Ei
- ca. 150 g Mehl
- ca. 150 g Semmelbrösel
- Salz
- frisch gemahlener Pfeffer

4 dünne Kalbsschnitzel mit dem Handballen vorsichtig klopfen, salzen und pfeffern.

3 flache Teller vorbereiten und jeweils mit dem Mehl, dem aufgeschlagenen Ei und den Semmelbröseln auffüllen.

Jedes Schnitzel zuerst im Mehl, danach in dem aufgeschlagenen Ei und zuletzt in den Semmelbröseln wenden.

Das Butterschmalz in einer großen Pfanne stark erhitzen, die Kalbsschnitzel dazugeben. Das Fleisch anbraten und wenden, damit es von beiden Seiten leicht gebräunt ist.

Anschließend die Schnitzel bei kleiner Temperatur braten und dabei ab und an mit dem heißen Fett in der Pfanne übergießen.

Tipp Achten Sie beim Wiener Schnitzel auf die Qualität des Kalbfleischs und darauf, dass es dünn, aber nicht zu dünn ist.

Schaschlik

4 Portionen
Lässt sich gut vorbereiten

- **500 g Putenfleisch**
- **100 g mageren Räucherspeck**
- **1 grüne und 1 gelbe Paprika**
- **8 frische oder getrocknete Aprikosen**
- **1 EL Currypulver** • **Öl**
- **Salz, Pfeffer aus der Mühle**
- **4 Schaschlikspieße**
- **½ Brühwürfel**
- **⅛ l Wasser**
- **3 EL Tomatenketchup**

Das Putenfleisch in etwa 3 Zentimeter breite und 2 Zentimeter hohe Würfel schneiden. Mit Salz und Pfeffer und dem Currypulver würzen. Den Räucherspeck in Streifen teilen.

Die Paprika waschen, entkernen, teilen und in Rechtecke schneiden.

Die Fleischstücke, die Speckstreifen und Aprikosen und Paprikastücke abwechselnd auf die Spieße stecken.

Öl in der Pfanne erhitzen und die Spieße gut anbraten.

Alles mit Ketchup, dann mit Wasser ablöschen und mit Brühwürfel, Curry, Salz und Pfeffer kräftig würzen.

Bei geschlossenem Deckel und mittlerer Temperatur schmoren.

Tipp Prinzipiell können Sie jede Fleischsorte nehmen und sogar Fisch. Mit Speck, Gemüse- und Zwiebelstückchen schmeckt Schaschlik immer herzhaft. Fruchtige Klänge kommen durch Ananas, Äpfel oder Birnen ins Spiel.

Hähnchengeschnetzeltes auf Rösti

2 Portionen
Besonders fein

- 4 kleine Rösti (Fertigprodukt, TK)
- 2 EL Öl
- 1 kleine Zwiebel
- 2 Hähnchenbrustfilets
- 100 g kleine Champignons (abgetropft, aus der Dose)
- 2 cl Weißwein (trocken)
- Salz, Pfeffer aus der Mühle
- ½ TL Paprikapulver (edelsüß)
- 50 g Sahne
- ½ Bund Petersilie

Das Öl erhitzen, die Rösti bei mittlerer Temperatur auf beiden Seiten goldbraun braten. Herausnehmen und warm stellen.

Die Zwiebel fein hacken. Die Hähnchenbrustfilets in schmale Streifen schneiden. Die Petersilie fein hacken und 2 Teelöffel beiseite stellen.

Das restliche Öl erhitzen, die Zwiebel darin leicht bräunen. Die Fleischstreifen zufügen und von allen Seiten kräftig anbraten. Dann die Champignons kurz mitdünsten.

Das Geschnetzelte mit Wein ablöschen und mit Salz, Pfeffer und Paprikapulver kräftig würzen. Die Sahne einrühren und einmal aufkochen lassen. Zum Schluss die Petersilie zufügen und unterrühren.

Die Rösti auf vorgewärmte Teller legen, das Geschnetzelte darauf verteilen und mit Petersilie servieren.

Scharfe Hähnchen-Salsa

6 bis 8 Portionen
Raffiniert

- 1 Zwiebel
- 1 grüne Paprika
- 3 Fleischtomaten
- 3 Knoblauchzehen
- 3 EL neutrales Pflanzenöl
- ¼ l Hühnerbrühe (auch Instant)
- Salz, Pfeffer aus der Mühle
- Tabasco

Die Zwiebel und den Paprika sehr fein würfeln, den Knoblauch fein hacken.

Die Tomaten häuten, Kerne entfernen und das Fruchtfleisch klein schneiden.

Die Zwiebeln anbraten, das restliche Gemüse dazugeben, mit Brühe ablöschen.

Die Sauce 30 Minuten köcheln lassen, salzen, pfeffern und mit Tabasco würzen.

Putenschnitzel im Mandelkleid

2 Portionen
Besonders fein

Für den Avocadodip: • 1 Limette • 1 Schalotte • 1 Tomate • ½ Bund glatte Petersilie • 1 vollreife Avocado • Salz, Pfeffer aus der Mühle

Für die Putenschnitzel:
• 2 Putenschnitzel (à 125 g) • 2 EL Mehl • 1 Ei • 100 g Mandelblättchen • 2 EL Öl
Zusätzlich: 1 Stabmixer

Die Limette heiß waschen, die Schale abreiben und 3 Esslöffel Saft auspressen.

Die Schalotten schälen und fein hacken. Die Petersilie grob hacken.

Die Tomaten kurz überbrühen, häuten, Steilansatz und Kerne entfernen. Das Fruchtfleisch fein würfeln.

Die Avocado halbieren, das Fruchtfleisch mit einem Löffel aus der Schale heben. 2 Spalten abschneiden, mit Limette beträufeln, beiseite stellen.

Die restliche Avocado, Limettensaft und -schale mit dem Stabmixer pürieren.

Schalotte, Tomatenwürfel und viel Petersilie unterrühren, salzen, pfeffern. Den Dip abdecken und kühl stellen.

Die Putenschnitzel salzen und pfeffern.

Das Ei auf einem flachen Teller verschlagen. Die Schnitzel zuerst im Mehl, dann im Ei und zuletzt in den Mandelblättchen wenden. Panade gut andrücken.

Das Öl erhitzen und die Schnitzel bei mittlerer Hitze auf jeder Seite in etwa 5 Minuten goldbraun braten.

Den mit Petersilie und Avocado garnierten Dip getrennt reichen.

Hähnchenröllchen mit Tomatensauce

3 Portionen
Schnell und gut

- 3 Hähnchenfilets
- 3 lange Scheiben Schwarzwälder Schinken
- 5 Tomaten oder 1 Dose geschälte Tomaten
- Salz, Pfeffer aus der Mühle
- 1TL Currypulver
- 1 Prise Rosmarin
- ca. 150 ml Brühe (Instant)

Die Tomaten heiß überbrühen, häuten und klein schneiden.

Die Hähnchenfilets salzen, pfeffern und mit Curry einreiben.

Jedes Filet in eine Scheibe Schinken wickeln und in der Pfanne anbraten.

Die Tomaten dazugeben, die Temperatur herunterschalten und die Sauce mit Curry, Salz, Pfeffer und Majoran sehr kräftig würzen.

Das Gericht in etwa 8 Minuten fertig garen. Eventuell Brühe angießen, wenn die Sauce zu stark eindickt.

Tipp Dazu passt am besten Reis, den Sie mit Rosinen verfeinern.

Hähnchen fürs Büffet

6 Portionen
Preiswert

- 6 Hähnchenbrustfilets
- 1 Packung Kräuterfrischkäse
- Salz, weißer Pfeffer
- Öl oder Butterschmalz
- 6 lange Scheiben Schwarzwälder Schinken

Filets waagerecht aufschneiden, aufklappen, die Seiten sind dann sehr dünn, aber das soll so sein.

Innenseiten mit weißem Pfeffer würzen und mit dem Kräuterfrischkäse dick bestreichen. Mit dem Schwarzwälder Schinken zusammenwickeln.

Die Filets mit Zahnstochern zusammenstecken und in der Pfanne in Butterschmalz oder Öl von jeder Seite drei Minuten kräftig braten – die letzten zwei mit geschlossenem Deckel.

Mit Salz und Pfeffer würzen und abkühlen lassen.

Tipp Schneiden Sie die Filets ein- oder zweimal quer durch, bevor Sie sie fürs Büffet anrichten.

Fruchtiges Lammragout

4 Portionen
Braucht etwas Zeit

- 1 Lammkeule (gut 1 kg) • 5–6 Zwiebeln • 40 g Korinthen • 10–12 reife Aprikosen • 2–3 EL Olivenöl • Salz • Pfeffer aus der Mühle • 1 TL Zimt • 1 TL Kardamom

Die Zwiebeln schälen, halbieren und in kleine Würfel schneiden.

Das Fleisch vom Knochen lösen und dabei das überflüssige Fett wegschneiden. Das Lammfleisch mit einem scharfen Messer in etwa gulaschgroße Würfel schneiden.

Öl in der Pfanne erhitzen und die Fleischwürfel rundum anbraten, bis sie braun sind.

Die klein geschnittenen Zwiebeln zum Fleisch geben, glasig werden lassen, mit den Gewürzen herzhaft-deftig abschmecken und die Korinthen dazugeben.

Den Deckel schließen und das Gericht eine gute Stunde bei geringer Temperatur garen. Zwischendurch immer wieder ein wenig Wasser angießen.

In der Zwischenzeit die Aprikosen waschen, entsteinen, vierteln. Die Hälfte der Aprikosen in die Pfanne geben, alles umrühren und gut abschmecken.

Das Ragout eine weitere halbe Stunde köcheln lassen.

Die restlichen Aprikosen zehn Minuten vor Ende der Garzeit in den Topf geben. Nicht mehr umrühren, da die Aprikosen sonst zerfallen.

Blumen aus Kartoffelkugeln

1 Rund 750 Gramm Kartoffeln schälen, in Stücke schneiden, kochen und zerstampfen. Zwei Eigelb, eine Messerspitze geriebene Muskatnuss und etwas Salz untermischen.

2 Auf bemehlter Fläche kleine Kugeln formen und diese zuerst in verquirltem Ei, dann in gehobelten Mandeln wenden.

3 Kugeln in Pflanzenöl goldgelb frittieren und auf Küchenkrepp abtropfen lassen.

4 Je fünf Kugeln auf einem Teller zu einer Blüte legen, in die Mitte eine weitere Kugel oder etwas Preiselbeerkompott setzen. Petersilie oder Sellerie als Stängel an die Blüten legen.

Tipp Die Blumen sind eine schmackhafte Dekoration für Braten- oder Gulaschgerichte.

Hähnchen in Orangen-Mandel-Sauce

4 Portionen
Besonders fein

- 4 Hähnchenbrustfilets
- 2 Zwiebeln
- 1 Zitrone
- 2 Orangen
- Crème fraîche
- Butterschmalz
- Butter
- scharfes Currypulver
- mildes Currypulver
- Senf
- Salz
- Pfeffer aus der Mühle
- Orangenmarmelade
- 50 g gehobelte Mandeln

Die Hähnchenbrustfilets waschen und abtrocknen. Anschließend von beiden Seiten salzen, pfeffern und mit den beiden Currysorten würzen.

Das Fleisch dann in größere Würfel schneiden.

Zwei Esslöffel Butterschmalz in einer Pfanne erhitzen und die Hähnchenwürfel rasch gut anbraten. Das Fleisch aus der Pfanne nehmen und beiseite stellen.

Die Zwiebeln schälen und in kleine Würfel schneiden.

Die Zitrone und eine Orange auspressen, den Saft beiseite stellen.

In einer tiefen Pfanne 2 Esslöffel Butterschmalz erhitzen. Die Zwiebelwürfel anbraten, bis sie glasig sind. Dann die Mandeln dazugeben, Farbe nehmen lassen. Mit je einer Prise mildem und scharfem Currypulver würzen.

Die Temperatur herunterschalten und die Zutaten etwa 5 Minuten weiterbraten. Dabei öfter umrühren.

Zwei Teelöffel Senf, zwei Teelöffel Orangenmarmelade, etwas Obstsaft und die Hähnchenwürfel dazugeben. Bei guter Temperatur etwa 5 Minuten braten. Bei Bedarf ein bis zwei Esslöffel Butter dazugeben.

Das Gericht mit dem Saft ablöschen, noch einmal aufkochen lassen. Alles gut verrühren und mit Curry, Salz, Pfeffer und Orangenmarmelade abschmecken.

Die Pfanne vom Herd nehmen, 3 Esslöffel Crème fraîche unterrühren. Nochmals kurz erwärmen, aber bitte nicht kochen!

Tipp Wenn Sie wenig Zeit haben, können Sie das Gericht einfach mit Reis servieren, den Sie mit Kurkuma würzen und mit einigen Rosinen verfeinern. Ganz besonders festlich ist das Essen natürlich mit den Kartoffelkugeln, um die Sie das fertige Hähnchen in Orangen-Mandel-Sauce dekorieren.

Chili Chicken Wings

4 Portionen
Preiswert

Für die Hähnchenflügel:

- **20 Hähnchenflügel (z. B. aus der Tiefkühltruhe)**
- **Olivenöl**
- **Salz**
- **Pfeffer aus der Mühle**
- **Paprikapulver, rosenscharf**
- **Tomatenketchup**
- **eventuell Cayennepfeffer**

Für die Sauce:

- **2 Zwiebeln**
- **3 Knoblauchzehen**
- **1 getrocknete rote Chilischote**
- **passierte Tomaten**
- **1 Zitrone**
- **50 g Mehl**
- **1 Schnapsgläschen weißer Rum**

Die Hähnchenflügel salzen und pfeffern, mit Paprika einreiben und mit dem Mehl bestäuben.

Für die Sauce die Zwiebeln und die Knoblauchzehen schälen und in kleine Würfel scheiden. Die Chilischote in kleinste Ringe schneiden.

In einer großen Pfanne 3 Esslöffel Olivenöl erhitzen, die Hähnchenflügel anbraten. Wenn sie von allen Seiten schön goldbraun sind, die Chiliringe dazugeben und kurz mitbraten.

Anschließend die Hähnchenflügel herausnehmen und beiseite stellen.

Zwei weitere Esslöffel Olivenöl und die Zwiebelwürfel in die heiße Pfanne geben. Anbraten, dabei den Bratensatz vom Boden schaben. Die Knoblauchzehen ins heiße Fett drücken und 3 Esslöffel Tomatenketchup dazugeben.

Salzen, pfeffern und nach Belieben kräftig mit Rosenpaprika – und nach Belieben – auch mit Cayennepfeffer würzen.

Mit dem Rum ablöschen, die Temperatur herunterschalten und 4 Esslöffel passierte Tomaten unterrühren. Etwa 5 Minuten garen.

Die Hähnchenflügel in die Sauce geben, heiß werden lassen.

Reichen Sie Tacos – nach der Packungsanleitung zubereiten – zu den Chicken Wings.

Tipp Die feurigen Chicken Wings sind ein Muss für jede fröhliche Party und auch mit dem folgenden Rezept für eine Piña Colada heizen Sie die Stimmung ganz sicher an. Sie können übrigens statt weißem Rum auch braunen nehmen.

Für jedes Glas Piña Colada brauchen Sie den Shaker sowie 2 EL gestoßenes Eis, 2 cl Sahne, 2 cl gesüßte Kokoscreme, 6 cl ungesüßten Ananassaft, 6 cl weißen Rum und eventuell 1 cl Amaretto.

Geben Sie alle Zutaten nacheinander in den Shaker, schließen Sie ihn und schütteln Sie den Inhalt etwa 20 Sekunden lang kräftig durch.

Füllen Sie die Colada in ein Longdrinkglas und garnieren Sie es nach Belieben mit Früchten.

Hähnchenbrustfilet mit Bohnen

Für Pfannen mit Deckel
2 Portionen
Preiswert

- 2 Hähnchenbrustfilets (ca. 450 g)
- 2 EL Öl
- 2 vollreife Fleischtomaten
- 1 Zwiebel
- 1 Knoblauchzehe
- 250–300 g dicke Bohnen (aus der Dose)
- 10 Blättchen Basilikum
- Salz, Pfeffer aus der Mühle
- 1 Msp. Chilipulver

Die Hähnchenbrustfilets mit kaltem Wasser abbrausen und trocken tupfen.

Die Tomaten häuten, den Stielansatz entfernen und das Fruchtfleisch würfeln.

Die Zwiebel und den Knoblauch schälen und fein hacken. Die Bohnen abtropfen lassen.

Das Basilikum klein hacken.

Das Öl erhitzen und die Filets auf beiden Seiten braun anbraten.

Tomatenwürfel, Zwiebel, Knoblauch und die Hälfte des Basilikums hinzufügen, einmal kurz aufkochen lassen.

Das Gericht zugedeckt ca. 15 Minuten köcheln lassen.

5 Minuten vor Ende der Garzeit die Bohnen hinzufügen und unterrühren, mit Salz, Pfeffer und Chilipulver pikant abschmecken.

Mit dem übrigen Basilikum servieren.

Curryhähnchen mit Honigsauce

4 Portionen
Besonders fein

- 1 schlachtfrisches, küchenfertiges Hähnchen (mind. 1000 g)
- 1 kleine Zwiebel
- 2 mittelgroße Äpfel
- 3 EL Sahne
- 2 TL Bienenhonig
- 3–4 EL Kondensmilch (Dosenmilch)
- 1 EL Mehl
- 50 g Butter oder Margarine
- Salz, Pfeffer aus der Mühle
- 2 EL Currypulver
- Rosinen
- geröstete Mandeln

Das Hähnchen in vier Teile schneiden, innen und außen salzen und pfeffern und von allen Seiten gleichmäßig anbraten.

Zwiebel klein würfeln und mitbraten, bis sie glasig ist. Die Brühe angießen und alles eine gute halbe Stunde schmoren.

Die Äpfel schälen, klein schneiden, dazugeben, mit Curry würzen.

Alles weitere 15 Minuten schmoren.

Die Hähnchenteile warm stellen.

Mehl und Milch in die Sauce geben, salzen und pfeffern. Den Honig mit dem Schneebesen unterrühren und das Hähnchen wieder miterwärmen.

Vor dem Servieren mit den gerösteten Mandeln und den Rosinen überstreuen.

Tomatenrose

1 Einen 15 Millimeter breiten Streifen aus der Tomatenhaut schneiden. Dafür an der dem Stielende gegenüberliegenden Seite beginnen und möglichst ohne abzusetzen kreisförmig um die Tomate herum schneiden, bis die gesamte Haut entfernt ist und sich spiralförmig aufrollt.

2 Streifen mit der Haut nach unten auf ein Brett legen und vom Ende her aufrollen. Das Ende des Streifens bildet die Rosenmitte.

3 Mit Hilfe eines Zahnstochers die unteren Blütenblätter etwas öffnen und so die Rose in perfekte Form bringen.

Tipp Eine hübsche Garnierung erhalten Sie auch, wenn Sie hart gekochte Eier und Tomaten sechsteln und zu einer Blüte legen. In die Mitte eine Tomatenrose setzen.

Rührei Grundrezept

1 Portion
Ganz einfach

Pro Person:
- 2 Eier
- 2 EL Sahne oder Milch
- 1 Prise Salz, Pfeffer aus der Mühle
- Butterflöckchen
- 1 EL frische Kräuter (z. B. Schnittlauch)
- 1 TL Butter oder Margarine

Frische Kräuter waschen, trockenschütteln und fein hacken.
Die Eier in eine Schüssel aufschlagen, Sahne oder Milch zugeben.
Die Masse leicht salzen und mit einer Gabel verrühren. Noch besser ist ein Schneebesen.
Sie können außerdem einige Butterflöckchen untermischen.
Achtung: Eigelb und Eiweiß dürfen nicht zu lange verschlagen werden, sonst wird das Rührei zäh!
Mit Salz, Pfeffer und den frischen Kräutern würzen.
Butter oder Margarine in der Pfanne schmelzen. Der Pfannenboden darf vom Fett nur leicht bedeckt sein. Wenn es zerlaufen, aber noch nicht braun ist, die Eiermasse hineingießen und bei ganz milder Temperatur stocken lassen. Dabei vorsichtig mit einem Pfannenwender oder Holzlöffel schieben und das stockende Ei vom Pfannenboden ablösen.
Das Rührei ist fertig, wenn es noch leicht cremig ist. Sofort servieren.

Tipp Sehr appetitlich sieht Rührei mit einer Tomatenrose aus.

Variationen vom Rührei

1 Portion
Raffiniert

Pro Person:
- 2 Eier
- 1 Prise Salz, Pfeffer aus der Mühle
- 2 TL Butter oder Margarine
- weitere passende Zutaten wie Schinkenwürfel, geriebener Käse, gebräunte Zwiebeln, Lachs, Tomaten, Spargelstückchen, Kapern, Anchovis, Morcheln, gehackter Spinat etc.

Die Eier in eine Schüssel schlagen, die Masse etwas salzen und pfeffern.
Zutaten, die Sie nicht vorher anbraten wollen, wie Spargelstückchen, Kapern, Morcheln, Anchovis, Reibekäse usw., mit in die Eiermasse geben.
Warten, bis das Fett in der Pfanne heiß ist und das Rührei braten.
Zutaten wie Tomaten, Zwiebeln, Schinkenstückchen usw. mit dem Fett in die Pfanne geben und anbraten. Dann erst die Eimasse dazugeben.

Speckpfannkuchen

4 Portionen
Preiswert

- 6 Eier
- ½ l Milch
- 250 g Mehl
- Salz
- 2–3 Zwiebeln
- 150 g durchwachsener, geräucherter Speck

- Die Zwiebeln abschälen und in feine Ringe schneiden. Den Speck würfeln.
- Eier mit Salz und Milch verrühren.
- Das Mehl löffelweise zu den Eiern geben. Sollten sich Klümpchen bilden, den Teig durch ein Sieb streichen.
- Butter bei mittlerer Temperatur in der Pfanne erhitzen.
- Ein Viertel des Teiges in die Pfanne gießen und mit einem Viertel des Specks und der Zwiebeln belegen.
- Den Teig backen, bis er am Boden goldbraun ist.
- Den Pfannkuchen in einem großen Teller oder mit dem Pfannendeckel wenden und in die frisch gebutterte Pfanne gleiten lassen.
- Das Wenden der Pfannkuchen, lässt sich am besten mit dem Pfannendeckel oder einem Teller bewerkstelligen, der so groß ist wie die Pfanne.
- Sie legen dazu den Teller oder den Deckel über die Pfanne, halten ihn fest und drehen die Pfanne um. Achtung: Der Teller wird heiß! Nun liegt der Pfannkuchen mit der gebackenen Seite nach oben auf dem Teller oder im Deckel.
- Fetten Sie die Pfanne nochmals ein, und lassen Sie den Pfannkuchen hineingleiten (➔ Seite 8).
- Den Pfannkuchen von der zweiten Seite fertig backen.

Vorsicht: Der Teig brennt rasch an, prüfen Sie immer wieder einmal, ob die Temperatur richtig ist, sonst herunterschalten.

Tipp Weitere leckere »salzige Pfannkuchen« können Sie backen, wenn Sie statt Speck und Zwiebeln zum Beispiel Kräuter und angebratene Pilze oder Krabben, zerpflückten Thunfisch, würzige Frühlingsgemüse und anderes mitbacken. Wichtig ist, dass Sie Zutaten wählen, die sich so in den Teig integrieren, dass sie beim Umdrehen im Teig haften bleiben.

- Denn gefüllte wie ungefüllte Pfannkuchen können beim Backen, je nach Rezept, umgewendet werden.
- Die hauchdünnen Crêpes werden gewendet, von beiden Seiten gebacken und dann erst gefüllt.
- Rühreier – gefüllte wie ungefüllte – werden beim Braten weiter verrührt.
- Omelettes werden sofort verrührt.
- Tortillas wendet man am besten mit Hilfe eines Tellers oder Deckels.
- Nur die dicken Pfannenpizzen bleiben einfach auf einer Seite liegen.

Herzhafte Bohnenpfanne

4 Portionen
Preiswert

- 500 g mageres, zartes Kalb- oder auch Rindfleisch
- 100 g milder Speck
- 500 g möglichst kleine Kartoffeln
- 3 kleine, gehackte Knoblauchzehen
- 1 kleine Dose rote Bohnen
- 1 kleine Dose Mais
- 2 EL passierte Tomaten
- Öl
- Salz, Pfeffer aus der Mühle, Cayennepfeffer,
- Salbeiblätter
- ¼ l Fleischbrühe

Die Kartoffeln waschen und kochen. Wenn sie gar sind, abpellen, vierteln und beiseite stellen.

Das Fleisch in Streifen schneiden. In der Pfanne in Öl leicht anbraten. Den geschälten und klein gehackten Knoblauch dazugeben. Würzen und die Temperatur herunterschalten.

Den in Streifen geschnittenen Speck dazugeben und unter Rühren anbraten.

Den Mais und die Bohnen in der Pfanne im Saucenfond anbraten.

Mit je 2 Esslöffeln Fleischbrühe und passierten Tomaten ablöschen und das Gericht 5 Minuten dünsten.

Kurz vor dem Servieren die Kartoffeln dazugeben, mit etwas Brühe aufgießen und eine Viertelstunde ziehen lassen.

Mit Salbeiblättern verziert servieren.

Tipp Wenn Sie den Speck weglassen oder durch geräucherten Tofu ersetzen, wird das Gericht zum würzig-scharfen vegetarischen Vergnügen.

Strammer Max

2 Portionen
Preiswert

- **4 Scheiben Frühstücksspeck**
- **2 Eier**
- **Salz, Pfeffer aus der Mühle**
- **2 Scheiben Schwarzbrot**
- **2 TL weiche Butter**

Den Speck in die kalte Pfanne legen und bei milder Temperatur langsam knusprig braten, einmal wenden, dann zur Seite schieben.

Die Eier aufschlagen und vorsichtig ins Speckfett gleiten lassen, sodass der Dotter nicht verletzt wird. Die Spiegeleier etwa 3 Minuten bei schwacher Temperatur garen, bis das Eiweiß weiß und fest, das Eigelb noch flüssig ist. Dann salzen und pfeffern.

Die Brotscheiben im Toaster rösten, dünn mit Butter bestreichen und auf 2 vorgewärmte Teller geben.

Jedes Toastbrot mit je zwei Scheiben Speck und einem Spiegelei belegen.

Semmelknödel mit Speck

2 Portionen
Lässt sich gut vorbereiten

- **4 Semmelknödel**
- **4 Scheiben Frühstücksspeck**
- **1 kleine Zwiebel**
- **2 EL Öl**
- **Salz, Pfeffer aus der Mühle**
- **½ Bund Petersilie**

Die Knödel in knapp 1 cm dicke Scheiben schneiden. Die Speckscheiben etwas zerkleinern. Die Zwiebel schälen und in dünne Ringe schneiden.

Das Öl erhitzen und Speck und Zwiebel darin bei schwacher Temperatur anbraten.

Die Knödelscheiben zugeben und bei schwacher bis mittlerer Temperatur ca. 10 Minuten unter gelegentlichem Wenden rösten.

Die Petersilie waschen, trockenschütteln, die Blättchen abzupfen und fein hacken.

Die Knödel salzen, pfeffern und auf 2 Teller verteilen. Speck und Zwiebel darüber geben und mit Petersilie bestreuen.

Tipp Es gibt zu diesem sättigenden und herzhaften Gericht eine weitere Variation, die Sie einmal ausprobieren sollten. Dazu schlagen Sie über die fertigen Knödel zwei Spiegeleier.

Gurkengemüse mit Schinken

2 Portionen
Ganz einfach

- 400 g Kartoffeln (gekocht)
- 300 g Salatgurke
- 200 g gekochter Schinken (am Stück)
- 2 EL Öl
- 1 Bund Dill
- 4 EL Wasser
- 2 EL Crème fraîche
- 2 EL Zitronensaft
- 1 Prise Zucker
- 1 Prise Salz
- Pfeffer aus der Mühle

Die Kartoffeln pellen und in Scheiben schneiden. Die Gurke waschen, schälen und würfeln. Den Schinken ebenfalls in Würfel schneiden.

Das Öl erhitzen, die Kartoffeln und den Schinken darin bei mittlerer Temperatur etwa 3 Minuten braten. Dabei mehrfach wenden. Die Gurkenwürfel zufügen und alles weitere 5 Minuten garen.

Inzwischen den Dill abbrausen, trockenschütteln und fein hacken.
1 Esslöffel gehackten Dill für die Dekoration beiseite stellen.

Dill mit Wasser, Crème fraîche, Zitronensaft und Zucker verrühren. Die Sauce zum Gurkengemüse geben und unter Rühren 5 Minuten köcheln lassen.

Mit Salz und Pfeffer kräftig abschmecken, auf zwei Teller verteilen und mit dem Dill bestreuen.
500 bis 700 g rohe bzw. 550 bis 750 g gekochte geschälte Kartoffeln brauchen Sie für zwei Personen, wenn Sie sie als Hauptgericht servieren, als Beilage genügen 250 bis 350 g rohe bzw. 300 bis 400 g gekochte Kartoffeln.

Tipp Dieses Rezept ist sehr gut geignet, um es nach eigenen Vorlieben zu variieren. Da nicht jeder den Geschmack warmer Salatgurken mag, die Zubereitung an sich aber einfach und das Rezept sehr lecker ist, können Sie die Salatgurke nach Ihrem Geschmack oder dem Ihrer Lieben ersetzen. Hier einige Anregungen, die dem Originalgeschmack sehr nahe kommen.

- Nehmen Sie dieselbe Menge Zucchini.
- Mischen Sie Zucchini und Auberginen.
- Mischen Sie Paprika und Zucchini.
- Mischen Sie Zucchini und Pilze.

Einen anderen Geschmack erhalten Sie, wenn Sie statt der Salatgurke zum Beispiel Brokkoli nehmen oder Chicoree oder Mangold oder Chinakohl ...
Schon durch das Austauschen einer Zutat können Sie die Pfanne immer wieder abwandeln!

Bunte Würstchenpfanne

2 Portionen
Preiswert

- 4 Frankfurter Würstchen
- 2 Schalotten
- 1 Knoblauchzehe
- 2 kleine Zucchini
- 1 rote Paprikaschote
- 2 kleine Tomaten
- 1 kleine Dose Gemüsemais (Einwaage 140 g)
- 2 EL Öl
- 1 EL Tomatenketchup
- 1 EL Kräuter der Provence
- Salz, Pfeffer aus der Mühle

Die Würstchen in 1 cm dicke Scheiben schneiden.

Die Schalotten und die Knoblauchzehe schälen und fein hacken.

Die Zucchini und die Paprikaschote gründlich waschen.

Die Zucchini der Länge nach halbieren und in dünne Scheiben schneiden.

Die Paprikaschote halbieren, den Stielansatz, die Kerne und die weißen Häutchen entfernen. Das Fruchtfleisch klein würfeln.

Die Tomaten waschen, den Stielansatz entfernen und das Fruchtfleisch in kleine Stücke schneiden.

Den Mais aus der Dose abtropfen lassen.

Das Öl erhitzen, die Schalotten und den Knoblauch darin leicht anbraten. Zucchinischeiben und Paprikawürfel zufügen und bei mittlerer Temperatur 5 Minuten dünsten. Dabei mehrfach wenden.

Würstchen, Tomatenwürfel und Maiskörner untermischen. Die Würstchenpfanne bei mittlerer Temperatur unter Rühren schmoren lassen, bis das Gemüse weich wird, aber noch etwas Biss hat (ca. 5 Minuten).

Ketchup und Kräuter der Provence unterrühren und mit Salz und Pfeffer herzhaft abschmecken.

Tipp Normalerweise denkt man, dass Frankfurter und Wiener Würstchen dasselbe sind. Doch es stimmt nicht ganz. Die echten Frankfurter Würstchen sind anders gewürzt und daher herzhafter im Geschmack.
Wenn Sie keine echten Frankfurter Würstchen bekommen, ersetzen Sie sie durch andere kräftig gewürzte Würstchen wie Polnische oder Debreziner. Diese harmonieren ebenso gut wie Frankfurter Würstchen mit dem kräftigen Geschmack von Zwiebeln und Knoblauch.

Zwiebelhackfleisch

Für Pfannen mit Deckel
2 Portionen
Lässt sich gut vorbereiten

• 3 Zwiebeln • 2 EL Öl • 150 g Hackfleisch vom Rind • 2 cl Rotwein (trocken) • 250 g Kartoffeln • 1 Möhre • 200 ml Fleischbrühe (Instant) • 100 g grüne Bohnen (TK) • Salz, Pfeffer aus der Mühle • 1 TL Majoran (getrocknet) • 1 EL Tomatenmark • 75 g Crème fraîche • 1/2 Bund Petersilie

Die Zwiebeln schälen in feine Ringe schneiden. Kartoffeln und Möhre waschen, schälen und in kleine Würfel (Kantenlänge ca. 0,5 cm) schneiden.

Das Öl erhitzen, die Zwiebelringe andünsten. Hackfleisch hinzufügen und bei starker Temperatur braten, bis es krümelig wird. Mit Rotwein ablöschen.

Die Kartoffel- und Möhrenwürfel hinzufügen und 3 Minuten dünsten.

Die Fleischbrühe angießen, die Fleisch-Gemüse-Mischung zugedeckt 10 Minuten schmoren lassen.

Nach 5 Minuten die Bohnen hinzufügen. Das Zwiebelhackfleisch mit Salz, Pfeffer, Majoran, Tomatenmark und Crème fraîche abschmecken.

Die grob gehackte Petersilie abbrausen, trockenschütteln, hacken und über das fertige Gericht streuen.

Pichelsteiner

2 Portionen
Lässt sich gut vorbereiten

• 50 g durchwachsener Räucherspeck • 1 große Zwiebel • je 1 Schweine- und Kalbsschnitzel • 6 Kartoffeln • ½ l Brühe (Instant) • 300 g gemischtes, klein geschnittenes Gemüse • Salz • fein gehackte Petersilie

Die Kartoffeln schälen und würfeln.

Den Speck in Würfel schneiden und in einer tiefen Pfanne glasig braten.

Die Zwiebel schälen, grob hacken und dazugeben.

Tipp Diese Form des Pichelsteiner ist extra für kleine Haushalte vereinfacht.

Die Schnitzel in Streifen schneiden, kurz anbraten, dann die Kartoffeln dazugeben, mit der Brühe auffüllen und alles 10 Minuten köcheln.

Gemüse und Salz dazugeben und nach weiteren 10 Minuten würzig abschmecken. Mit der Petersilie bestreut servieren.

Kartoffel-Speckkuchen

2 Portionen
Preiswert

- 100 g durchwachsener Speck
- 500 g Kartoffeln
- 2 EL Pflanzenmargarine
- 2 Eier
- ½ Becher Crème fraîche
- 2 EL Milch
- Salz, Pfeffer aus der Mühle
- 1 Msp. ger. Muskatnuss
- 3 EL gemischte gehackte Kräuter (z. B. Petersilie, Kerbel, Schnittlauch, Majoran)

Den Speck klein würfeln. Die Kartoffeln waschen, schälen und mit der Reibe grob raffeln.

Den Speck mit Margarine kräftig anbraten. Die Kartoffeln dazugeben und 5 Minuten bei mittlerer Temperatur unter Rühren rösten.

Die Eier in einer Schüssel mit Crème fraîche, Milch, Salz, Pfeffer und Muskatnuss verrühren. Die Kräuter unterheben.

Die Kartoffeln mit einem Pfannenwender flach drücken, die Eiermasse darüber gießen und bei schwacher bis mittlerer Temperatur in etwa 10 Minuten stocken lassen, wenden (➔ Seite 8) und weitere 3 Minuten braten.

Bunte Pfannenpizza

4 Portionen
Ganz einfach

Für den Teig:

- 6 Eier
- ½ l Milch
- 250 g Mehl
- Salz
- Öl

Für den Belag:

- 50 g Kochsalami
- 4 Tomaten
- 4 EL grüne oder schwarze Oliven
- 100 g Mozzarella oder milden Schnittkäse
- 1 TL Oregano
- je 1 Prise Basilikum und Thymian

1 Ei trennen, das Eiweiß in einer Schüssel steif schlagen.

Die restlichen Eier und das Eigelb mit Mehl, Milch, Zucker und Salz gut verrühren.

Den Teig etwas ruhen lassen.

Einige Salamischeiben auf den Pfannenboden legen, anbraten und etwas Öl dazugeben.

Teig für eine Pizza in die Pfanne gießen, nach Belieben belegen, würzen und mit Käse bedecken.

Den Deckel auflegen und die Pfannenpizza langsam bei geringer Temperatur backen. Nicht wenden!

Tipp Sie können auch Tomaten, Erbsen, Krabben, Muscheln usw. mit anbraten.

Bauernfrühstück

2–3 Portionen
Gut vorzubereiten

- 400 g Kartoffeln (gekocht)
- 2 Schalotten
- ½ rote Paprikaschote
- 100 g gekochter Schinken
- 2 EL Pflanzenmargarine
- ½ TL Kümmel
- Salz, Pfeffer aus der Mühle
- 4 Eier
- 2 EL Sahne
- ½ Bund Schnittlauch

Die Kartoffeln schälen und in 0,5 cm dicke Scheiben schneiden.

Die Schalotten schälen, halbieren und möglichst fein hacken.

Die Paprikaschote waschen, den Stielansatz, die Kerne und die weißen Häutchen entfernen. Das Fruchtfleisch klein würfeln.

Den Schinken in dünne Streifen schneiden.

Das Fett erhitzen, das Gemüse zufügen und bei mittlerer Temperatur unter häufigem Wenden 5 Minuten braten.

Den Schinken dazugeben, mit Kümmel, Salz und Pfeffer würzen und etwa weitere 5 Minuten bei schwacher Temperatur weiterbraten.

Inzwischen den Schnittlauch abbrausen, trockenschütteln und in feine Röllchen schneiden.

Die Eier mit der Sahne verrühren und über die Kartoffeln gießen.

Bei schwacher Temperatur ohne Umrühren stocken lassen, dann auf die vorgewärmten Teller verteilen und mit Schnittlauchröllchen bestreuen.

Hamburger mit Toast

2 Portionen
Ganz einfach

Für die Hamburger: • 300 g Tatar • 1 Ei • Salz, Pfeffer aus der Mühle • 1 Spritzer Worcestersauce • 1 EL Öl
Für die Toasts: • 4 Scheiben Toastbrot (extra große Scheiben) • 1 Knoblauchzehe • 1 EL weiche Butter • 1 Prise Salz • 1 EL Zitronensaft • 2 hart gekochte Eier • 4 TL Schaschliksauce

Das Tatar mit dem Ei gut verkneten, mit Salz, Pfeffer und Worcestersauce abschmecken. 4 flache Frikadellen daraus formen.

Das Öl erhitzen, die Frikadellen darin auf beiden Seiten bei mittlerer Temperatur braun braten.

Die Knoblauchzehe schälen, durch eine Presse drücken und mit Butter, Salz und Zitronensaft gut verkneten.

Wenn die Frikadellen fertig sind, die Toasts toasten und mit der Knoblauchbutter bestreichen.

Die Frikadellen auf die Toasts geben. Die hart gekochten Eier halbieren, jeweils eine Hälfte auf die Frikadellen legen und je 1 Teelöffel Schaschliksauce darüber träufeln.

Tipp Mit Pommes frites servieren.

Bunter Burger

2 Portionen
Preiswert

• 150–200 g Tatar • 1 kleine Möhre • 3 Champignons • 1 EL fein gehackte Petersilie • 2 EL Semmelbrösel • 1 Ei • Salz, Pfeffer aus der Mühle • 1 Msp. Paprikapulver (edelsüß) • 1 EL Öl

Die Möhre putzen und auf der Haushaltsreibe fein raffeln.

Die Champignons putzen, die Hütchen in kleine Stücke, die Stiele in kleine Scheiben schneiden.

Möhren und Champignons mit 150 bis 200 g Tatar gut vermischen.

Die gehackte Petersilie, Semmelbrösel, 1 Ei, etwas Paprikapulver (edelsüß), Salz und Pfeffer aus der Mühle zufügen.

Alles gut miteinander verkneten und fortfahren, wie oben im Rezept beschrieben.

Tipp Ein leckeres Rezept für vegetarische Burger finden Sie auf Seite 87.

Putengeschnetzeltes mit Rahmspinat

2 Portionen
Preiswert

- 1 großes Putenschnitzel
- 1 Packung Rahmspinat
- Curry
- Muskat
- Zimt
- Salz
- Pfeffer aus der Mühle
- Öl

Das Putenschnitzel klopfen, von beiden Seiten salzen und pfeffern, mit Curry einreiben und anschließend in kleine Stücke schneiden.

Im heißen Öl rasch anbraten. Den Spinat in die Pfanne geben, die Temperatur herunterschalten und bei geschlossenem Deckel erwärmen, bis der Spinat aufgetaut ist.

Das Gericht mit Salz, Pfeffer, Muskat und Zimt würzig abschmecken.

Tipp Sie können den Spinat auch getrennt in einem Topf garen und würzen.

Reispfanne mit Tatar

Für Pfannen mit Deckel
2 Portionen
Ganz einfach

- ½ Bund Suppengrün
- ½ Bund Frühlingszwiebeln
- 1 Knoblauchzehe
- 150 g Tatar
- 2 EL Sojaöl
- 150 g Langkornreis (parboiled)
- 400 ml Fleischbrühe (Instant)
- 2 EL Sojasauce
- 1 Msp. Currypulver
- 1 Msp. Cayennepfeffer

Das Suppengrün und die Frühlingszwiebeln putzen und in feine Streifen bzw. Ringe schneiden. Den Knoblauch schälen und fein hacken.

Das Öl erhitzen und das Tatar darin anbraten, bis es rundum braun angeröstet ist.

Das Gemüse und den Knoblauch dazugeben und kurz mitdünsten. Dabei mehrmals wenden.

Den Reis zufügen, einmal durchrühren, dann die Brühe angießen. Eventuellen Bratensatz vorsichtig mit dem Pfannenschieber lösen.

Den Pfanneninhalt kurz aufkochen und bei schwacher Temperatur zugedeckt in 15 bis 20 Minuten langsam gar ziehen lassen.

Zum Schluss mit Sojasauce, Curry und Cayennepfeffer pikant abschmecken.

Chili con Carne

2 Portionen
Braucht etwas Zeit

- 1 Zwiebel
- 2 kleine Knoblauchzehen
- 2 EL Öl
- 200 g Hackfleisch vom Rind
- 1 grüne Paprikaschote
- 2 EL Tomatenmark
- 100 g Kidneybohnen (aus der Dose)
- 100 g Tomaten (aus der Dose)
- 2 kleine Chilischoten
- ½ TL Chilipulver
- 1 Prise Zucker
- ½ TL Salz

Die Zwiebel und die Knoblauchzehen schälen und fein hacken.

Das Öl erhitzen, die Zwiebel und den Knoblauch darin glasig dünsten.

Das Hackfleisch zugeben und unter Rühren mitbraten. Dabei fein zerkrümeln.

Die Paprikaschote waschen, halbieren, den Stielansatz, die Kerne und die weißen Häutchen entfernen. Das Fruchtfleisch würfeln und mit dem Tomatenmark in die Pfanne geben. 5 Minuten schmoren lassen, ab und zu umrühren.

Inzwischen die Bohnen abtropfen lassen. Die Tomaten zerkleinern, die Chilischoten sehr fein hacken. Alles zur Hackfleischmischung geben und umrühren.

Mit Chilipulver, Salz und Zucker würzen. Das Chili con Carne aufkochen, dann bei milder Temperatur in 15 Minuten gar kochen lassen. Würzig abschmecken.

Souvlaki

4 Portionen
Lässt sich gut vorbereiten

Für die Spieße:

- 600 g Schweinefleisch zum Braten
- 3 Tomaten
- 2 Zwiebeln
- 2 Paprikaschoten

Zum Marinieren:

- 5 EL Olivenöl
- Saft einer 1 Zitrone
- 1 klein gehackte Zwiebel
- 3 klein gehackte Knoblauchzehen
- ½ Glas Weißwein
- Oregano
- Thymian
- Paprikapulver, rosenscharf
- Salz
- Pfeffer aus der Mühle

Außerdem: 4 Fleischspieße

Alle Zutaten für die Marinade in eine Schüssel füllen und gut würzen.

Das Schweinefleisch in etwa 2 Finger dicke Stückchen schneiden und mindestens 1 Stunde in der Marinade lassen.

Fleischstücke auf die Spieße stecken.

Eine große Pfanne erhitzen, 4 Esslöffel Öl hineingeben und die Spieße im heißen Öl von allen Seiten gut anbraten und bei mittlerer Hitze fertig garen.

Chinesisches Hähnchenragout

2 Portionen
Lässt sich gut vorbereiten

- 250 g Reis (gekocht) • 200 g Hühnerfleisch (ohne Haut und Knochen)
- 2 TL Speisestärke • 2 Frühlingszwiebeln
- ½ Stange Lauch • 1 Möhre
- 100 g frische Sojasprossen
- 2 EL Öl • 1 Msp. gem. Ingwer
- 2 cl Sherry (trocken) • 2 EL Sojasauce
- Salz, Pfeffer aus der Mühle

Das Hühnerfleisch in dünne Streifen schneiden und fest mit Speisestärke einreiben. Die Frühlingszwiebeln und den Lauch putzen und in feine Ringe teilen. Die Möhre waschen, schälen und in feine Stifte schneiden. Die Sojasprossen abbrausen und abtropfen lassen.

Das Öl erhitzen. Das Hühnerfleisch darin von allen Seiten anbraten, dann herausnehmen.

Frühlingszwiebeln, Lauch, Möhre und Sojasprossen in das verbliebene Fett geben und unter Rühren 10 Minuten dünsten. Das Ingwerpulver darüber stäuben, unterrühren und mitdünsten.

Sherry und Sojasauce zugeben, das Gemüse einmal aufkochen lassen, mit Salz und Pfeffer würzen. Die Fleischstreifen und den Reis unterrühren.

Tipp Wenn Sie den Reis als Beilage servieren, genügen 100 bis 120 g roher bzw. 300 bis 360 g gekochter Reis für zwei Personen. Als Hauptgericht müssen Sie mit 160 bis 180 g rohem bzw. 480 bis 540 g gekochtem Reis rechnen.

Tortilla mit Salami

2 Portionen
Ganz einfach

- 300 g Kartoffeln
- 2 EL Öl • ½ TL Kümmel
- Salz, Pfeffer aus der Mühle
- 2 Frühlingszwiebeln
- 4 Eier
- 3 EL Sahne
- Paprikapulver (edelsüß)
- 1 EL Butter
- 50 g Salami (in dünnen Scheiben)
- ½ Bund Schnittlauch

Die Kartoffeln waschen, schälen und in knapp 0,5 cm dicke Scheiben schneiden. Mit Küchenkrepp trockentupfen.

Das Öl erhitzen und die Kartoffelscheiben darin 5 Minuten bei starker und 10 Minuten bei schwacher bis mittlerer Temperatur unter häufigem Wenden goldbraun braten. Kümmel und Salz darüber streuen, kräftig pfeffern.

Die Frühlingszwiebeln putzen und in feine Ringe schneiden. Die Eier mit Sahne, etwas Salz und Paprikapulver verquirlen. Den Schnittlauch abbrausen, trocken schütteln und in feine Röllchen schneiden. 1 Esslöffel Schnittlauchröllchen für die Dekoration zurückbehalten.

Die Butter zu den Kartoffeln geben und schmelzen lassen, die Frühlingszwiebeln hinzufügen und etwa 3 Minuten dünsten. Die Kartoffeln möglichst gleichmäßig in der Pfanne verteilen. Die Salamischeiben darauf legen, mit der Eiermasse übergießen und mit Schnittlauchröllchen bestreuen.

Die Tortilla 10 Minuten bei schwacher Temperatur backen, bis die Eier gestockt sind. Wenden und auf der anderen Seite noch 1 Minute braten.

Die Tortilla halbieren und mit dem restlichen Schnittlauch bestreuen und heiß servieren.

Die Tortilla halbieren und mit frischem Basilikum oder anderen Kräutern und Kartoffelchips bestreut servieren. Dazu passt: Blattsalat und Baguette

Tipp Frische Kräuter, wie hier im Rezept Dill, geben jedem Gericht eine besonders feine Note.

Wenn Sie keinen eigenen Garten oder Balkon haben, genügt eine sonnige Fensterbank, um dort Kresse, Kerbel, Basilikum, Majoran, Dill, Rosmarin und andere duftende Küchenkräuter zu ziehen.

Im Garten gedeihen Kräuter besonders gut in einer so genannten Kräuterspirale. Dazu legen Sie ein spiralförmiges Beet an, dessen Kanten Sie mit Steinen begrenzen.

Venezianische Leber

4 Portionen
Braucht etwas Zeit

- 4 reife Tomaten
- 3 Zwiebeln
- 4 Scheiben Kalbsleber
- 3 EL Olivenöl
- 4 EL Rotwein
- 4 frische Salbeiblätter
- Salz, Zucker
- schwarzen Pfeffer, frisch gemahlen
- Rosmarin- und Salbeizweige zum Garnieren

Die Tomaten häuten und in möglichst kleine Würfel schneiden.

Die Zwiebeln schälen und in ganz dünne Scheiben hobeln.

Kalbsleber unter fließend kaltem Wasser waschen, trockentupfen, Sehnen und Röhren entfernen und die Haut abziehen. Die Leber in schmale Streifen schneiden.

Olivenöl in einer tiefen Pfanne erhitzen. Die Zwiebelringe hinzufügen und zugedeckt bei mittlerer Hitze in 10–15 Minuten fast weich schmoren.

Die Temperatur erhöhen und die Kalbsleber zu den Zwiebeln geben. Die Leber unter Wenden anbraten. Die Tomatenwürfel hinzufügen und etwa 5 Minuten anschmoren.

Mit Rotwein ablöschen und kräftig mit Salbei, Salz und Pfeffer würzen.

Zugedeckt bei schwacher Hitze 5 Minuten ziehen lassen und zum Schluss mit Pfeffer, Salz und Zucker pikant abschmecken.

Sardinen in Parmesan

4 Portionen
Besonders fein

- 700 g küchenfertige, möglichst große Sardinen (8 Stück)
- 1 unbehandelte Zitrone
- 1 Bund Petersilie
- 75 g Semmelbrösel
- 75 g Parmesan am Stück
- 2 Eier
- Salz
- Pfeffer aus der Mühle
- 4–5 EL Öl

Zitrone heiß waschen, trockenreiben und die Hälfte der Schale fein abreiben. Zitrone dann halbieren und eine Hälfte auspressen.

Die klein gehackte Petersilie, den fein geriebenen Parmesan und die Brotbrösel in einem tiefen Teller vermischen.

Die Eier in einem Teller verquirlen.

Sardinen salzen, pfeffern und mit dem Zitronensaft beträufeln. Dann zuerst in der Eimasse und anschließend in der Parmesan-Brot-Mischung wenden. Die Panade fest andrücken.

Das Öl in einer großen Pfanne erhitzen. Die Sardinen bei mittlerer Hitze pro Seite etwa 3 Minuten braten.

Hähnchen in Kokossauce

4 Portionen
Besonders fein

- **400 g Hähnchenfilets**
- **200 g frisches Gemüse der Jahreszeit**
- **2 TL Thai-Currypaste aus der Packung, rot**
- **1 EL Fischpaste**
- **1 TL brauner Zucker**
- **½ Bund frisches Thai-Basilikum**
- **1 oder 2 frische rote Chilischoten**
- **Pfeffer aus der Mühle**
- **1 Dose Kokosmilch (400 ml)**
- **Speisestärke**

Die Hähnchenbrustfilets in kleine Stücke schneiden. Salzen, pfeffern und zur Seite stellen stellen.

Das Öl in der Pfanne erhitzen, die Hähnchenstücke kurz anrösten, mit der Speisestärke überstreuen und vom Herd nehmen.

Das Gemüse waschen, putzen und in kleine Stücke schneiden.

Die Kokosmilch öffnen, etwa 4 Esslöffel von der dicken Sahne abschöpfen und beiseite stellen, die restliche Kokosmilch in einen breiten Topf geben und einmal aufkochen lassen.

Das Gemüse in die aufgekochte Milch geben und würzen: Rühren Sie den Zucker, die Currypaste und die Fischsauce hinein, und lassen Sie alles gute 5 Minuten bei kleiner Hitze kochen, bis die Sauce eindickt.

Die Chilischoten in kleinste Stückchen schneiden und sofort in die Sauce rühren.

Das Basilikum fein hacken.

Die 4 Esslöffel abgeschöpfte Kokosmilch und die Hähnchenstücke in die Sauce geben, pfeffern und wieder heiß werden lassen.

Zum Schluss das Basilikum dazugeben, und das Gericht mit Reis servieren.

Tipp Sie sehen, so einfach ist es, ein original Thai-Gericht nachzukochen. Das Geheimnis des vollendeten Geschmacks ist in diesem Fall das Einkaufen der Zutaten.

Rote Thai-Currypaste werden Sie nicht in jedem Geschäft finden. Große Supermärkte, die Delikatessläden in großen Einkaufsketten und die vielen kleinen und großen Asia-Märkte aber führen diese Thai-Currypaste.

Fischpaste gibt es auch von deutschen Herstellern. Zur Not, wenn Sie keine Paste finden, können Sie auch Fisch-Fond nehmen.

Braunen Zucker bekommen Sie in jedem Fall im Reformhaus.

Echtes Thai-Basilikum schmeckt ganz anders als das gewöhnliche Basilikum. Ersetzen Sie das Thai-Basilikum nicht durch übliche Basilikumblättchen.

Auch Kokosmilch lässt sich nicht ersetzen. Große Supermärkte führen sie aber, und Sie finden sie meist dort, wo die Sojasaucen stehen.

Baskische Spiegeleier

Für Pfannen mit Deckel
2 Portionen
Besonders fein

- 2 kleine Zwiebeln
- 1 rote Paprikaschote
- 1 kleiner Zucchino
- 2 vollreife Fleischtomaten
- 2 EL Öl
- 1 Knoblauchzehe
- Salz, Pfeffer aus der Mühle
- 1 EL Majoran (getrocknet)
- 4 Eier
- ½ TL Paprikapulver (edelsüß)

Die Zwiebeln schälen und in feine Ringe schneiden. Die Paprikaschote waschen und in schmale Streifen schneiden. Den Zucchino gründlich waschen und mit dem Gurkenhobel hobeln. Die Tomaten häuten und das Fruchtfleisch würfeln.

Das Öl erhitzen, die Zwiebelringe darin glasig werden lassen. Dann das Gemüse dazugeben und bei mittlerer Temperatur unter häufigem Wenden 10 Minuten schmoren. Die klein gehackte Knoblauchzehe zum Gemüse drücken und alles gut würzen.

Die Eier über der Pfanne mit dem Messer aufschlagen und auf das Gemüse gleiten lassen. Das Eiweiß vorsichtig mit einem Löffel verteilen, das Eigelb dabei aber nicht zerstören.

So lange zugedeckt bei schwacher bis mittlerer Temperatur braten lassen, bis die Eier gestockt sind. Zum Schluss die Spiegeleier mit Paprikapulver bestreuen.

Tipp Schlagen Sie die Eier in eine große, beschichtete Pfanne, wenn die Butter bei schwacher Temperatur gerade zu zerlaufen beginnt.

Kürbisgefäße

1 Einen schön geformten Kürbis auswählen und waschen. Bei Bedarf den Boden flach schneiden.

2 Deckel abschneiden und Kürbis aushöhlen.

3 Mit einem scharfen Messer Muster in den Kürbis schneiden.

4 Auch Namen und Gesichter können in die dicke Schale geritzt werden.

Tipp Zierkürbisse sind ein auffallender Tischschmuck. Als Obstschalen ziehen sie die Blicke auf sich. Kürbisse kommen aber auch als »Vasen« für Herbstblumensträuße gut zur Geltung. Dafür die Früchte wie beschrieben aushöhlen und mit beliebigen Mustern verzieren. Eine Blumenvase, die etwas kleiner als der Kürbis ist, in die ausgehöhlte Frucht stellen.

Carbonada criolla

4 Portionen
Braucht etwas Zeit

- 500 g Rind- oder Kalbfleisch
- 4 Kartoffeln
- 175 g Kürbisfleisch
- 2 Zwiebeln
- 2 Knoblauchzehen
- 1 Paprikaschote
- 2 Tomaten
- 1 kleine Dose Maiskörner
- 1 Apfel oder 1 Pfirsich
- 100 g Weintrauben
- 50 g Schweineschmalz
- 1 Bund Suppengrün mit Sellerie
- 1 Lorbeerblatt
- 3 Pfefferkörner, schwarz
- Salz
- Majoran
- Cayennepfeffer
- Thymian
- Petersilie
- ¼ l Weißwein
- ½ l Fleischbrühe

Außerdem: eine zweite Pfanne

Das Fleisch mit einem scharfen Messer in gulaschgroße Würfel schneiden und im Schweineschmalz in einer tiefen Pfanne anbraten, bis es braun wird.

Die Zwiebeln schälen und in Würfel schneiden.

Die Knoblauchzehen schälen und klein schneiden.

Die Paprika waschen, vierteln, vom Kerngehäuse befreien. Die Tomaten waschen, den Stielansatz entfernen und die Tomaten in Viertel schneiden.

Das Gemüse mit Schweineschmalz erst in einer zweiten Pfanne anrösten, dann zum Fleisch geben.

Den Gemüsefond möglichst vollständig aus der Pfanne schaben und mit in die Fleischtopf geben.

Das Suppengrün waschen, putzen und klein schneiden. Ebenfalls in die Fleischpfanne geben, mit dem Wein und der Brühe angießen und umrühren.

Die Gewürze nach Geschmack dazugeben und alles etwa eine Stunde bei mäßiger Hitze dünsten.

Die Kartoffeln schälen und in Würfel schneiden. Den Kürbis und den Apfel in Würfel schneiden und in die Pfanne geben.

Den Pfirsich in Scheiben schneiden.

Die Weintrauben waschen, halbieren und die Kerne herausnehmen.

Kurz vor dem Servieren geben Sie den Pfirsich, die Weintrauben und die abgetropften Maiskörner dazu.

Schmecken Sie das Gericht zum Schluss scharf ab.

Tipp Dieses Rezept ist die Abwandlung eines südamerikanischen Eintopfs, der zu den 100 besten Rezepten der Welt zählt. Die Zubereitung selbst zieht sich über einen Vormittag hin, aber Sie kochen in Etappen und können nebenbei sehr gut etwas erledigen. Das Gericht nimmt es auch nicht übel, wenn es zwischendurch ausgeschaltet wird.
Ein Tipp zum Schluss: Servieren Sie die Carbonada Ihren staunenden Gästen im ausgehöhlten und verzierten Kürbis.

Knackig und saftig – Gemüse & Co.

Rösti Grundrezept

2 Portionen
Ganz einfach

- 500 g fest kochende Kartoffeln (gekocht)
- Salz, Pfeffer aus der Mühle
- 2 EL zerlassene Butter
- 1 EL Milch oder Sahne
- 1 EL Butter zum Braten

Die Kartoffeln pellen und grob raffeln, mit Salz und Pfeffer aus der Mühle vermischen.

Mit 2 Esslöffel zerlassener Butter in der Pfanne durchrühren, zu einem Puffer zusammendrücken und zugedeckt bei schwacher bis mittlerer Temperatur etwa 10 Minuten braten.

Nach 5 Minuten 1 Esslöffel Milch oder Sahne darüber träufeln, damit das Rösti saftig bleibt.

Wenn es auf der Unterseite braun wird, mit Hilfe von 2 Tellern oder mit dem Deckel (➔ Seite 8) wenden und mit frischer erhitzter Butter auf der anderen Seite bräunen.

Zwiebelrösti

Für Pfannen mit Deckel
2 Portionen
Preiswert

- 2 Zwiebeln
- 500 g fest kochende Kartoffeln (gekocht)
- Salz, Pfeffer aus der Mühle
- 4 EL Butter
- 2 EL frisch gehackte Kräuter
- eventuell 1 Zucchino oder 1 Möhre

Die Zwiebeln schälen und klein hacken. Die Kartoffeln pellen, raffeln, salzen und pfeffern.

2 Esslöffel Butter zerlassen und die Zwiebeln in der Pfanne im heißen Fett goldgelb anbraten.

Die Kartoffeln und 1 Esslöffel Butter untermischen.

Die Masse zusammengedrückt und zugedeckt 10 Minuten braten.

Rösti wenden (➔ Seite 8) und die andere Seite in Butter bräunen.

Mit den Kräutern servieren.

Tipp Das Rösti schmeckt auch, wenn Sie statt der Zwiebeln ein anderes Gemüse wie kleine Zucchini- oder Möhrenstifte verwenden.
Wichtig für das gute Gelingen der Rösti ist Fingerspitzengefühl beim Einstellen der Temperaturen. Die Rösti sollen langsam bräunen und in keinem Fall anbrennen. Angebrannte Kartoffeln riechen und schmecken unangenehm.

Kartoffelgulasch

Für Pfannen mit Deckel
2 Portionen
Raffiniert

- **500 g Kartoffeln**
- **40 g Speck**
- **1 Zwiebel**
- **2 EL Öl**
- **1 Zucchino**
- **2 Fleischtomaten**
- **1 kleine Knoblauchzehe**
- **Salz, Pfeffer aus der Mühle**
- **Paprikapulver (edelsüß)**
- **1 EL Kümmel**
- **½ TL Majoran (getrocknet)**
- **1 TL fein gehackter Liebstöckel (Maggikraut)**
- **125 ml Fleischbrühe (Instant)**
- **1 Paar Debreziner**

Die Kartoffeln waschen, schälen und in kleine Würfel schneiden. Den Speck ebenfalls fein würfeln. Die Zwiebel schälen und fein hacken. Den Zucchino gründlich waschen, Stiel- und Blütenansätze entfernen, den Zucchino der Länge nach halbieren und in dünne Scheiben schneiden. Die Fleischtomaten häuten, den Stielansatz und die Kerne entfernen und das Fruchtfleisch würfeln.

Das Öl erhitzen, die Kartoffeln, den Speck und die Zwiebel darin anbraten.

Nach etwa 5 Minuten die Zucchinischeiben und Tomatenwürfel zufügen. Die Knoblauchzehe schälen und durch eine Presse dazudrücken. Mit Salz, Pfeffer, Paprikapulver, Kümmel, Majoran und Liebstöckel kräftig würzen.

Die Fleischbrühe angießen, eventuellen Bratensatz vorsichtig lösen und das Kartoffelgulasch zugedeckt 15 Minuten garen.

Die Würstchen in Scheiben schneiden und dazugeben.

Kartoffelpuffer mit Kräuterquark

2 Portionen
Braucht etwas Zeit

Für die Kartoffelpuffer:
- **300 g fest kochende Kartoffeln**
- **1 Ei** • **1 TL Mehl** • **Salz**
- **1 Bund Schnittlauch** • **2 EL Öl**

Für den Kräuterquark:
- **250 g Sahnequark**
- **50 ml Milch**
- **1 kleine Knoblauchzehe**
- **1 Spritzer Zitronensaft**
- **1 Msp. weißer Pfeffer**
- **2 EL gemischte gehackte Kräuter (z. B. Zitronenmelisse, Estragon, Dill)**

Die Kartoffeln waschen, schälen und grob raspeln, dann mit Ei, Mehl und 1 Prise Salz gut vermischen.

Den Schnittlauch abbrausen, trockenschütteln und in feine Röllchen schneiden. Die Hälfte davon in den Kartoffelteig rühren.

Das Öl erhitzen. Vom Kartoffelteig jeweils etwa 2 Esslöffel abnehmen, in die Pfanne geben und flach drücken.

Die Puffer auf beiden Seiten bei mittlerer Temperatur langsam schön knusprig braten.

In der Zwischenzeit den Quark mit der Milch glatt rühren. Die Knoblauchzehe schälen, durch eine Presse in den Quark drücken.

Den restlichen Schnittlauch, Zitronensaft, etwas Salz und Pfeffer unterrühren. Zuletzt die Kräuter dazugeben.

Zum Servieren die fertigen Puffer auf zwei Tellern verteilen und jeweils einen Quarkklecks in die Mitte setzen.

Tipp Die saftig-leckeren Kartoffelpuffer sind eine ideale Grundlage für die Kombination mit weiteren Saucen und Zutaten.

Knusprige, warme Kartoffelpuffer sind zum Beispiel eine ideale Ergänzung zu kaltem Räucherlachs (➔ Rezept, Seite 21). Ein Klassiker sind Kartoffelpuffer mit Apfelmus. Dazu backen Sie die Kartoffelpuffer wie im Grundrezept und überstreuen die fertigen Puffer mit Zimtzucker. Dazu schmeckt Apfelmus, das man natürlich am besten aus frischen Äpfeln selbst zubereitet.

Dazu die Äpfel waschen, schälen, in Viertel schneiden und das Kerngehäuse entfernen. Die Äpfel nochmals in Schnitze teilen und mit wenig Wasser und einem Spritzer Zitronensaft bei niedriger bis mittlerer Temperatur dünsten. Nach Belieben können Sie mit Zucker und Zimt würzen und Rosinen dazugeben.

Bunte Kartoffelpfanne mit Joghurtsauce

Für Pfannen mit Deckel
2 Portionen
Braucht etwas Zeit

Für das Gemüse:
- 300 g Kartoffeln
- 1 Schalotte
- 1 Zweig Rosmarin
- je 1 gelbe und rote Paprikaschote
- 3 EL Öl
- 150 g Austernpilze
- 100 g grüne Bohnen (TK)
- Salz, Pfeffer aus der Mühle

Für die Sauce:
- 1 Becher Naturjoghurt (3,5 % Fett)
- 2 EL Crème fraîche mit Kräutern
- weißer Pfeffer
- 3 Blättchen Zitronenmelisse

Die Kartoffeln waschen, schälen und in 1 cm große Würfel schneiden.

Die Schalotte schälen und fein hacken.

Die Rosmarinnadeln etwas zerkleinern.

Die Paprikaschoten waschen, halbieren, Stielansatz, Kerne und weiße Häutchen entfernen. Paprika in feine Streifen schneiden.

Das Öl erhitzen, Kartoffeln, Schalotte und Rosmarin darin bei mittlerer Temperatur kurz anbraten.

Die Paprikastreifen zufügen und ebenfalls kurz anbraten. Das Gemüse zugedeckt 10 Minuten garen.

In der Zwischenzeit die Austernpilze putzen und zerkleinern. Pilze und Bohnen in die Pfanne geben und unter Wenden bei mittlerer Temperatur 5 Minuten mitbraten. Mit Salz und Pfeffer würzen.

Für die Sauce Joghurt und Crème fraîche verrühren, leicht pfeffern. Zitronenmelisse abbrausen, fein hacken und untermischen.

Die Sauce getrennt zur Kartoffelpfanne reichen.

Tipp Diese bunte Kartoffelpfanne sollten Sie mit fest kochenden Kartoffelsorten wie Hansa, Linda, Nicola und Sieglinde oder mit vorwiegend fest kochenden Sorten (z. B. Grata, Agria, Gloria) zubereiten.
Nicht geeignet sind für dieses Rezept mehlige Kartoffelsorten wie zum Beispiel Adretta, Aula, Karlena, Likaria oder die Odenwälder Blaue.

Geröstete Knödel mit Ei

2 Portionen
Ganz einfach

- 4 Semmelknödel
- 2 EL Öl, 2 Eier
- 2 EL Milch oder Sahne
- Salz, Pfeffer aus der Mühle
- 1 Msp. Muskat
- ½ Bund Schnittlauch

Die Knödel in knapp 1 cm dicke Scheiben schneiden. Das Öl erhitzen und die Knödelscheiben darin bei mittlerer Temperatur ca. 15 Minuten unter gelegentlichem Wenden rösten.

Die Eier mit Milch oder Sahne, Salz, Pfeffer und Muskatnuss verrühren und über die Knödel gießen. Bei schwacher Temperatur stocken lassen, dann mit einem Pfannenwender zerteilen und unter häufigem Wenden noch etwa 2 Minuten rösten.

Die Röstknödel mit frisch geschnittenen Schnittlauchröllchen servieren.

Kartoffel-Tortilla

2 Portionen
Preiswert

- 4 große Kartoffeln
- 1 große Zwiebel
- 4 EL Olivenöl, kaltgepresst
- Salz, Pfeffer aus der Mühle
- 8 Eier

Die Kartoffeln schälen, waschen, klein würfeln und in 2 Esslöffeln Öl bei mittlerer Temperatur anbraten.

Inzwischen die Zwiebeln schälen und fein hacken und zu den Kartoffeln geben. Umrühren und alles etwa 3 Minuten bei halb aufgelegtem Deckel braten.

Die Pfanne vom Herd nehmen. Die Kartoffeln in eine Schüssel füllen und salzen. Die Eier schaumig schlagen, salzen und dazugeben.

Das übrige Öl in der Pfanne erhitzen und das Kartoffel-Ei-Gemisch hineingeben. Wenn die Eier zu stocken beginnen, die Tortilla noch einmal umrühren.

Sobald die Unterseite braun wird, die Tortilla mit einem Teller umdrehen und fertig braten.

Tipp In Spanien wird die Tortilla nicht wie zum Beispiel Pfannkuchen als flacher »Fladen« gebacken. Die echte Tortilla ist mindestens 3 Zentimeter hoch. Dazu schieben Sie die Tortilla, bevor Sie sie nach dem Wenden fertig backen, an den Rändern ein wenig zusammen.

Tomaten-Tortilla

2 Portionen
Besonders fein

- 250 g Kartoffeln
- 1 große Zwiebel
- 3 große Champignons
- 3 EL Öl
- Salz, Pfeffer aus der Mühle
- 1 Msp. gem. Kümmel
- 2 Tomaten
- 3 Eier
- 50 g ger. Gouda (mittelalt)
- 1 EL frisch gehacktes Basilikum

Die Kartoffeln waschen, schälen und mit dem Gurkenhobel fein hobeln. Die Scheiben auf Küchenkrepp ausbreiten, damit die Flüssigkeit aufgesaugt wird. Die Zwiebel schälen und fein hacken. Die Champignons putzen und blättrig schneiden.

Das Öl erhitzen, die Zwiebel darin glasig dünsten. Dann die Kartoffelscheiben und die Champignons zufügen, salzen, pfeffern und mit Kümmel bestreuen. Bei milder Temperatur unter häufigem Wenden etwa 10 Minuten braten.

Inzwischen die Tomaten kurz in kochendes Wasser tauchen, häuten, den Stielansatz entfernen und das Fruchtfleisch in 0,5 cm dicke Scheiben schneiden. Die Eier mit dem Schneebesen verrühren und gleichmäßig über die Kartoffeln gießen (Pfanne schwenken). Die Tomatenscheiben darauf legen. Den Käse darüber streuen. Nochmals pfeffern.

Die Eier in etwa 10 Minuten bei schwacher Temperatur stocken lassen. Die Tortilla (➔ Seite 8) wenden. Weitere 5 Minuten braten.

Ratatouille

4 Portionen
Braucht etwas Zeit

- **500 g Auberginen**
- **Salz**
- **5 Zwiebeln (150 g)**
- **etwas Olivenöl**
- **400 g bunte Paprikaschoten**
- **250 g Tomaten**
- **2 Knoblauchzehen**
- **12 Korianderkörner**
- **frischer Rosmarin**
- **Salz, Pfeffer aus der Mühle**
- **etwas Zitronensaft**
- **einige Basilikumblätter**

Die gewaschenen Auberginen in Stücke schneiden und mit etwas Salz bestreut 10 Minuten ziehen lassen.

Die Zwiebeln schälen und feinhacken, in Olivenöl dünsten.

Paprikaschoten waschen, Kerne und Häute entfernen, in Streifen schneiden, zu den Zwiebeln geben und kurz mitdünsten. Zudecken und 30 Minuten schmoren lassen.

Tomaten abbrühen, häuten und vierteln. Knoblauchzehen pressen.

Tomaten und Knoblauch zu den Zwiebeln geben, Korianderkörner, Rosmarin, Salz und Pfeffer darüber streuen und 5 Minuten offen schmoren lassen.

Abkühlen lassen, das Öl so gut wie möglich abgießen.

Zum Schluss noch etwas Zitronensaft darüber träufeln und mit Basilikumblättern garniert servieren.

Tipp Ratatouille ist eine typisch südfranzösische Spezialität, die vor allem im Sommer zu fast allen Fleisch- und Fischgerichten ein Genuss ist. Wenn Sie das Rezept mögen, können Sie beim nächsten Mal die doppelte Portion bereiten und am nächsten Tag als kalte Vorspeise zu Baguette reichen.
Im Winter, wenn es keine frischen Kräuter gibt, nehmen Sie zum Würzen »Kräuter der Provence«. Diese Gewürzmischung wird von mehreren Herstellern angeboten. Achten Sie beim Einkauf darauf, dass der Anteil an Lavendel nicht zu hoch ist. Diese sehr aromatische Gewürzpflanze schmeckt stark vor, und wer den Geschmack nicht kennt, muss sich erst daran gewöhnen. Sie können auch dieses Rezept übrigens ganz nach Geschmack variieren und zum Beispiel Zucchini statt der Auberginen nehmen.

Lauchplätzchen mit Sesamkruste

2 Portionen
Raffiniert

Für die Lauchplätzchen:
- 400 g mehlig kochende Kartoffeln (gekocht)
- ½ Stange Lauch
- 1 EL Butter
- 2 EL körniger Frischkäse
- 1 Ei
- 1 EL ger. Parmesankäse
- 2 EL Mehl
- 1 Msp. gem. Muskatnuss
- Salz, Pfeffer aus der Mühle
- 2 EL Öl
- 4 EL Sesamsamen

Für die Sauce:
- 75 g Speisequark (20 % F. i. Tr.)
- 75 g körniger Frischkäse
- 5 EL Milch
- Salz, weißer Pfeffer
- 2 EL Schnittlauchröllchen

Den Lauch putzen, waschen, der Länge nach halbieren und in sehr feine Halbringe schneiden. Die Kartoffeln pellen und mit einer Gabel zerdrücken.

1 Esslöffel Butter zerlassen und den Lauch darin 2 bis 3 Minuten dünsten.

Den gedünsteten Lauch zu den Kartoffeln in eine Schüssel geben, die Masse mit Frischkäse, Ei, Parmesan, Mehl und Muskatnuss gut vermischen. Mit Salz und Pfeffer abschmecken.

Das Öl erhitzen. Den Teig esslöffelweise in die Pfanne geben und etwas flach drücken. Reichlich mit Sesam bestreuen, dabei die Körner ein wenig andrücken. Die Plätzchen bei mittlerer Temperatur 2 bis 3 Minuten auf jeder Seite braten.

Alle Zutaten für die Sauce gut verrühren und getrennt zu den Sesamplätzchen reichen. Eventuell mit einigen Schnittlauchhalmen dekorieren.

Warme Vorspeise mit Schafskäse

Für Pfannen mit Deckel
3 Portionen
Raffiniert

- 500 g frischer Spinat
- 2 Knoblauchzehen
- 1 Zwiebel
- 1 Zitrone
- 75 g Butter
- Olivenöl
- Salz
- Pfeffer
- Weinessig
- Balsamico-Essig
- Parmesankäse
- heißes Knoblauchbrot

Für den Schafskäse:

- 200 g Schafskäse
- 2 Eier
- 0,1 l Sahne
- ca. 150 g Semmelbrösel
- 75 g Sesamsaat, ungeschält
- Salz, Pfeffer aus der Mühle
- 1 Prise Muskat

Vom Parmesan mehrere dünne Stückchen abhobeln oder abschneiden.

Den Spinat mehrmals sehr gut abwaschen und anschließend abtropfen lassen. Wer will, kann die Stiele abtrennen, dann ist der Spinat weicher.

Die Zwiebel schälen und in kleine Würfelchen schneiden.

Die Knoblauchzehen abschälen, vierteln und in einer tiefen Pfanne mit geschlossenem Deckel bei kleiner Hitze ganz langsam goldbraun werden lassen. Die Knoblauchzehen aus dem Fett nehmen, sobald sie dunkelbraun werden und einfach wegwerfen.

Die Zwiebelstückchen ins Fett geben und bei kleiner Hitze langsam glasig werden lassen.

Nun den Spinat in die heiße Butter geben. Den Deckel auf die Pfanne legen und den Spinat in etwa 8 Minuten »zusammenfallen« lassen.

Den Schafskäse in drei Scheiben schneiden.

Die Eier in einem tiefen Teller verschlagen. Salzen und pfeffern.

Sesam, Brösel und Muskat in einem zweiten Teller vermischen.

Die Käsescheiben zweimal panieren und in Öl ausbacken.

Tipp Für Nicht-Vegetarier eine Variante mit 1–2 Scampi pro Person.

In der Zwischenzeit die Scampi aus der Schale lösen, salzen, pfeffern und mit dem inzwischen frisch gepressten Zitronensaft beträufeln.

Die Scampi in einer zweiten Pfanne mit Butter bei geringer Hitze etwa 6–8 Minuten vorsichtig braten.

Inzwischen die Sauce aus Olivenöl, Weinessig, Salz und Pfeffer anrichten. Mit einem Teelöffel Balsamico-Essig und einem Spritzer Soja-Sauce abschmecken.

Den Spinat kurz in der Sauce schwenken und auf kleine Teller verteilen. Mit den Parmesanstückchen und den heißen Scampi garnieren.

Kartoffel-Gemüsepfanne mit Ricotta

4 Portionen
Braucht etwas Zeit

- 500 g Kartoffeln
- 500 g Möhren
- 1 Zucchino
- 2 Zwiebeln
- 2 Knoblauchzehen
- Öl
- Ca. ¼ l Wasser
- ½ Brühwürfel
- 1 TL Kräuter der Provence (fertige Mischung)
- 200 g reife Tomaten
- 1 Zweig frisches Basilikum
- 6 EL Ricotta
- Salz, frisch gemahlener Pfeffer

Kartoffeln und Möhren waschen, schälen und in Scheiben schneiden.

Den Zucchino und die Zwiebeln würfeln, den Knoblauch klein hacken. In der Pfanne in heißem Öl glasig werden lassen. Kartoffeln und Möhren dazugeben und unter Rühren anbraten.

Wasser angießen und mit Salz, Pfeffer, Brühwürfel und Kräutern würzen.

Bei geschlossenem Deckel und mittlerer Temperatur etwa 15 Minuten garen.

Basilikum und Tomaten klein schneiden und in einer Schüssel mit der Ricotta mischen. Die Mischung gut mit Salz und Pfeffer und Kräutern der Provence abschmecken.

Das Pfannengemüse mit je einem Löffel Tomaten-Ricotta servieren.

Blumenkohlschnitzel mit Zitronencreme

4 Portionen
Raffiniert

Für den Blumenkohl:
- **1 Blumenkohl**
- **2 Eier**
- **Salz, Pfeffer aus der Mühle**
- **Gemüsebrühe (Instant)**
- **Paniermehl**
- **75 g Butter**

Für die Creme:
- **6 EL Ricotta**
- **Saft von 1 Zitrone**
- **1 TL Mascarpone oder Schmand**
- **eventuell 2 Stängel Zitronengras oder etwas Zitronenmelisse**

Die Blätter vom Blumenkohl entfernen und den ganzen Kopf gut abwaschen.

Die Gemüsebrühe in einem großen Topf zum Kochen bringen und den Blumenkohl in 15 Minuten fast gar kochen.

In der Zwischenzeit das Ei in einem tiefen Teller verrühren und das Paniermehl in einen zweiten tiefen Teller schütten.

Die Zutaten für die Zitronencreme in einer Schüssel verrühren. Nach Belieben mit der klein gehackten Zitronenmelisse oder dem Zitronengras verfeinern.

Den Blumenkohl aus dem Topf nehmen, im Sieb abtropfen lassen und senkrecht in etwa daumendicke Scheiben schneiden.

Die Scheiben nacheinander zuerst in Ei, dann im Paniermehl wenden.

Die Butter in einer tiefen Pfanne erhitzen und die Scheiben braten, bis sie goldgelb sind.

Jede Portion mit einem guten Klacks Zitronencreme servieren.

Tipp Wenn Ihnen die Zitronencreme zu mächtig ist, geben Sie einfach einige Zitronenschnitze zu den Blumenkohlscheiben. Dazu schmeckt frischer grüner Salat und Rucola.
Wer zum heißen Blumenkohl keine kalte Sauce möchte, kann die fertig gebratenen Blumenkohlschnitzel aus der Pfanne nehmen, warm stellen und den Bratenfond mit dem Zitronensaft und der Ricotta anrühren. Eventuell etwas Wasser oder Gemüsebrühe dazugeben. Wer den Zitronengeschmack nicht mag, kann auch eine Tomatensauce oder ein Ratatouille (➔ Seite 76) dazu reichen.

Kleine warme Vorspeise

Für Pfannen mit Deckel
2 Portionen
Ganz einfach

- 1 Staude Mangold
- 1 große Fleischtomate
- 1 klein gehackte Knoblauchzehe
- ½ Chilischote
- Curry
- Olivenöl
- 1,5 EL Balsamicoessig
- 80 ml Wasser
- 2 TL Honig

Den Mangold in Stücke schneiden, die Stielstücke in kochendem Wasser 2 bis 3 Minuten blanchieren

Olivenöl in der Pfanne erhitzen und die Mangoldstiele anbraten.

Die klein gehackte Knoblauchzehe, die klein geschnittene halbe Chilischote und dann das Grün vom Mangold mit anbraten.

Mit Curry würzen, mit Wasser und Essig ablöschen, umrühren und den Deckel auflegen.

Die Tomate in dickere Scheiben schneiden, salzen, pfeffern, 3 Minuten mit in die Pfanne legen.

Den Honig unterrühren.

Dazu schmecken frisches Baguette, Nussbrot oder krosse Grissini.

Rosenkohl in Honig-Nuss-Sauce

Für Pfannen mit Deckel
4 Portionen
Raffiniert

- 700 g Rosenkohl
- 1–2 EL Butterschmalz
- 150 ml Rinderbrühe
- Salz, Pfeffer aus der Mühle
- Muskat
- 50 g Walnüsse (grob gehackt)
- 2 EL Honig
- Saft von 2 Zitronen
- eventuell Mehl zum Andicken der Sauce

Den Rosenkohl waschen und putzen und 5–6 Minuten in kochendem Salzwasser blanchieren. Gut abtropfen lassen.

Das Butterschmalz in einer tiefen Pfanne erhitzen, Rosenkohl und Nüsse dazugeben, im Fett wenden, die Brühe übergießen, zugedeckt 5 Minuten garen und würzen.

Honig und Zitronensaft über das Gemüse geben.

Wer die Sauce gerne dicker mag, kann sie mit Mehl andicken.

Omelette Grundrezept

2 Portionen
Preiswert

- 3–4 Eier
- 1 Prise Salz
- 2 EL Butter

Eier in der Schüssel leicht verschlagen und salzen.
Butter in der Pfanne auf mittlerer Temperatur erhitzen.
Die Eimasse hineingeben. Masse sofort verrühren, damit sich frisches und gestocktes Ei vermischen!
Wenn sich eine feste Eierschicht gebildet hat, das Omelett vorsichtig einrollen.
Pfanne schräg halten. Omelett mit einem Ruck zum Rand rutschen lassen.
Das eingerollte Omelett auf den Teller stürzen.

Omelette mit Kräutern

1 Portion
Ganz einfach

Pro Person:

- 2–3 Eier
- 1 Prise Salz
- 2 EL Butter
- 2 EL gemischte, gehackte Kräuter

Eier, Salz und Kräuter verrühren.
Die Butter in der Pfanne bei mittlerer Temperatur erhitzen, den Eierteig hineingeben und sofort verrühren.
Wenn sich eine feste Eierschicht gebildet hat, das Omelette einrollen und aus der Pfanne kippen.

Tipp Ein Omelette braucht etwas Fingerspitzengefühl, damit es die richtige, luftige Konsistenz erhält. Nicht zu lange, aber mit »heißer Pfanne« braten. Merke: Nicht länger als eine Minute soll ein Omelette in der Pfanne sein. Bereiten Sie duftige Omelettes auch mit weiteren köstlichen Füllungen zu wie Butterspargel, Krabben, Pilzen oder würzigem Käse. Zu Omelettes passt immer ein zarter, knackig-frischer Salat mit einer leichten Vinaigrette (Sauce aus Essig und Öl mit Zwiebelwürfeln).

Auberginenomelette mit Pfifferlingen

Für Pfannen mit Deckel
2 Portionen
Besonders fein

- 250 g Kartoffeln (gekocht)
- 1 kleine Aubergine
- 1 Schalotte
- 100 g Pfifferlinge (frisch oder aus dem Glas)
- 2 EL Öl
- 4 Eier
- 4 EL Milch
- Salz, Pfeffer aus der Mühle

Die Kartoffeln schälen und in Scheiben schneiden.

Die Aubergine gründlich waschen, den Stielansatz entfernen. Das Fruchtfleisch in etwa 0,5 cm dicke Scheiben schneiden, auf einem Teller ausbreiten und mit etwas Salz bestreuen. Einige Minuten ziehen lassen.

Die Schalotte schälen und fein hacken. Die Pfifferlinge putzen bzw. abtropfen lassen, große Pilze halbieren.

Das Öl erhitzen. Die Aubergine und die Schalotte darin etwa 3 Minuten braten, dabei ab und zu wenden.

Die Kartoffelscheiben und Pilze zufügen und weitere 3 Minuten mitbraten.

Eier und Milch mit dem Schneebesen verquirlen, leicht salzen und pfeffern.

Die Eiermasse möglichst gleichmäßig über das Gemüse gießen.

Das Omelette zugedeckt bei milder Temperatur backen, bis die Eiermasse gestockt ist, dann halbieren und auf vorgewärmten Tellern anrichten.

Austernpilze mit Ei

2 Portionen
Preiswert

- 300 g Austernpilze
- 1 Bund Petersilie
- 1 EL Pflanzenmargarine
- 4 Eier
- 1 EL Milch
- 1 EL Crème fraîche
- 1 Prise Salz, Pfeffer aus der Mühle

Die Pilze und die Petersilie abbrausen, trockentupfen und klein schneiden.

Die Pilze bei mittlerer bis starker Temperatur unter ständigem Wenden etwa 3 Minuten anbraten. Die Hälfte der Petersilie darunter mischen.

Die Eier mit Milch, Crème fraîche und Salz verquirlen, über die Pilze gießen und stocken lassen.

Den Herd hochschalten und die Pilze kurz auf beiden Seiten rösten.

Mit Petersilie und Pfeffer servieren.

Reisomelette

Für Pfannen mit Deckel
2 Portionen
Raffiniert

- **100 g Reis (gekocht)**
- **50 g Erbsen (TK)**
- **100 g junge Möhren (aus dem Glas)**
- **1 EL Pflanzenmargarine**
- **4 Eier**
- **200 ml Milch**
- **Salz, Pfeffer aus der Mühle**
- **½ Bund Schnittlauch**

Die Margarine in der Pfanne erhitzen, den Reis, die aufgetauten Erbsen und die abgetropften, grob zerkleinerten Möhren hineingeben.

Den Reis und das Gemüse unter mehrfachem Wenden bei mittlerer Temperatur etwa 3 Minuten braten.

Die Eier und die Milch mit dem Schneebesen verrühren, mit Salz und Pfeffer würzen.

Den Schnittlauch abbrausen, trockenschütteln, in feine Röllchen schneiden und kräftig unter die Eiermilch mischen.

Die Eiermilch gleichmäßig über die Reismischung verteilen.

Das Omelette zugedeckt bei milder Temperatur backen, bis die Eiermasse gestockt ist.

Das fertige Omelette halbieren und auf 2 vorgewärmten Tellern anrichten.

Auberginenfächer

4 Portionen
Preiswert

- **500 g Auberginen**
- **2 Kugeln Mozzarella**
- **2 Eier**
- **Paniermehl**
- **Salz, Pfeffer aus der Mühle**
- **5 EL Olivenöl**
- **Saft einer Zitrone**

Die Auberginen und den Mozzarella in 5 mm dicke Scheiben schneiden.

Die Auberginenscheiben salzen und in einem großen Teller beiseite stellen.

Die abgetropften und abgetrockneten Auberginenscheiben (Küchentuch) mit Zitrone beträufeln.

Das Öl in der Pfanne erhitzen.

Die Auberginen erst in Ei, dann in Paniermehl wenden, portionsweise ausbraten und warm stellen.

Anschließend die Mozzarellascheiben ebenfalls in Ei und Paniermehl wenden und portionsweise braten.

Abwechselnd den Mozzarella und die Auberginen auf einer Platte anrichten. Eventuell Zitronenschnitze dazu dekorieren.

Nudelomelette

Für Pfannen mit Deckel
2 Portionen
Preiswert

- 150 g Spaghetti (gekocht)
- 2 kleine Tomaten
- 2 Scheiben Gouda
- 4 Eier
- 200 ml Milch
- Salz, Pfeffer aus der Mühle
- 1 Bund Schnittlauch
- 2 EL Pflanzenmargarine zum Braten

Die Spaghetti grob zerkleinern. Die Tomaten kurz in heißes Wasser tauchen, häuten, den Stielansatz entfernen und das Fruchtfleisch würfeln. Den Käse in feine Streifen schneiden.

Die Eier und die Milch mit dem Schneebesen verrühren, mit Salz und Pfeffer würzen. Den Schnittlauch abbrausen, trockenschütteln und in feine Röllchen schneiden. 1 Esslöffel Schnittlauchröllchen zurückbehalten, den Rest unter die Eiermasse mischen.

Die Margarine schmelzen. Die Spaghetti und die Tomatenstückchen kurz darin andünsten. Die Eiermasse darüber gießen und gleichmäßig verteilen.

Die Käsestreifen gitterförmig darauf anordnen.

Das Omelette zugedeckt bei milder Temperatur backen, bis die Eiermasse gestockt ist, dann halbieren und mit dem restlichen Schnittlauch bestreuen.

Tipp Wenn Sie Nudeln als Beilage servieren, genügen ca. 100 g rohe bzw. 350 g gekochte Ware für zwei Personen. Für ein Hauptgericht sind 170 g rohe bzw. 500 g gekochte Nudeln erforderlich.

Bulgur mit Champignons

Für Pfannen mit Deckel
2 Portionen
Raffiniert

- 1 Knoblauchzehe
- 1 Möhre
- 100 g Lauch
- 1 Stange Staudensellerie
- 200 g Champignons
- 1 EL Öl
- 1 TL Butter
- 100 g Bulgur
- 200–250 ml Gemüsebrühe (Instant)
- ½ TL Thymian
- Salz, Pfeffer aus der Mühle
- 1 Tomate
- ½ Bund Petersilie
- 2 EL ger. Parmesankäse

Den Knoblauch schälen und fein hacken. Die Möhre waschen, schälen und in feine Stifte schneiden. Den Lauch, den Staudensellerie und die Champignons putzen. Lauch und Staudensellerie in dünne Ringe, die Pilze in feine Blätter schneiden.

Das Öl und die Butter erhitzen, den Knoblauch kurz darin anbraten. Das Gemüse hinzufügen und 3 Minuten dünsten, dabei mehrfach umrühren.

Den Bulgur unterrühren und mit 200 ml Brühe aufgießen. Mit Thymian, Salz und Pfeffer würzen und 10 Minuten zugedeckt bei schwacher Temperatur köcheln lassen.

Während des Kochens eventuell etwas Brühe nachgießen.

Die Tomate kurz in kochendes Wasser tauchen, häuten, den Stielansatz entfernen und anschließend das Fruchtfleisch würfeln. Die Petersilie abbrausen, trockenschütteln und fein hacken.

Tomaten und Petersilie zusammen mit dem Parmesan unter das Bulgur-Risotto rühren.

Den Herd ausschalten und das Ganze zugedeckt noch einige Minuten ausquellen lassen. Vor dem Servieren nochmals mit Salz und Pfeffer herzhaft abschmecken.

Tipp Bulgur ist vorgekochter, geschroteter Weizen – eine Behandlung, die ihn bekömmlicher macht. Sie erhalten Bulgur auch Bulghur oder Burghul im Reformhaus oder in türkischen Lebensmittelläden.

Dinkel-Nuss-Bratlinge

4 Portionen
Braucht etwas Zeit

Für die Bratlinge:
- 440 ml Wasser
- ½ Gemüsebrühwürfel
- 1 TL Miso
- 2 TL Sojasauce
- 1 Knoblauchzehe
- 200 g Dinkel, grießartig geschrotet
- 100 g Haselnüsse, grob gehackt
- 2 kleine Eier oder 1 großes Ei
- Salz
- Muskatnuss, frisch gerieben
- weißer Pfeffer, frisch gemahlen
- Streuwürze

Zum Braten:
- ungehärtetes Kokosfett

Für die Sauce:
- 40 g Butter
- Saft 1 Zitrone
- 400 ml Gemüsebrühe (Instant)
- 1–2 EL Mascarpone
- Salz
- Muskatnuss, frisch gerieben

Das Wasser in einem Topf mit dem Gemüsebrühwürfel, dem Miso und der Sojasauce zum Kochen bringen. Dabei alles gründlich verrühren.

Die Knoblauchzehe durch eine Knoblauchpresse drücken und dazugeben.

Den Dinkelschrot sofort in die kochende Brühe einrühren. Die Platte zurückschalten und den Schrot bei schwacher Hitze zugedeckt in etwa 20 Minuten ausquellen lassen.

Den Schrotbrei dabei immer wieder gelegentlich umrühren, damit er nicht anhängt.

Den Schrotbrei von der Kochstelle nehmen und leicht auskühlen lassen.

Die Nüsse und die Eier unter die Dinkelmasse rühren.

Mit 1 Prise Salz, dem Muskat, dem Pfeffer und der Streuwürze würzen und gut abschmecken.

Ewas Kokosfett in einer Pfanne erhitzen. Mit angefeuchteten Händen etwa 12 Küchlein formen und diese portionsweise auf beiden Seiten bei mittlerer Hitze goldbraun braten.

Die gebratenen Küchlein jeweils (eventuell bei 50 Grad im Backofen) warm halten.

Gleichzeitig für die Sauce die Butter aufschäumen lassen. Zitronensaft und Brühe dazugeben. Die Temperatur herunterschalten und den Mascarpone einrühren.

Die Sauce mit Salz und Muskat abschmecken.

Tipp Die Bratlinge schmecken auch mit derselben Menge Weizen, Hafer, Roggen, Buchweizen oder Grünkern. Diese herzhaften Bratlinge schmecken hervorragend als komplettes Essen. Sie können aber auch Gemüse dazu reichen. Wir empfehlen Ratatouille oder die Gemüsepfanne von Seite 53 – natürlich ohne den Schinken.

Gemüserisotto

2 Portionen
Braucht etwas Zeit

- 160 g Mittelkornreis (Avorio)
- 1 kleine Zwiebel • 2 EL Öl
- 600 ml Gemüsebrühe (Instant)
- 100 g Brokkoli
- 100 g Erbsen (TK)
- 1 Möhre • 75 g Sahne
- 1 TL Butter
- 2 EL ger. Parmesankäse
- Salz, Pfeffer aus der Mühle

Außerdem: 1 Pfanne mit Deckel

Zwiebel schälen und fein hacken. Das Öl erhitzen, die Zwiebel darin glasig dünsten. Reis dazugeben und kurz unter Rühren mitbraten.

Die Gemüsebrühe angießen, alles zugedeckt kurz aufkochen lassen, dann in der offenen Pfanne bei schwacher Temperatur 10 Minuten garen.

In der Zwischenzeit den Brokkoli putzen und in kleine Röschen teilen, die Möhre waschen, schälen und in feine Stifte schneiden.

Den Brokkoli, die aufgetauten Erbsen und die Möhre zum Reis geben und das Risotto weitere 10 Minuten garen lassen. Dabei nach und nach die Sahne zugießen.

Zum Schluss Butter und Parmesan unter das Risotto mischen, mit Salz und Pfeffer kräftig abschmecken.

Tipp Klein geschnittene Bratenreste aus Hühner- oder Putenfleisch (natürlich ohne Haut und Knochen) passen gut zu Risottos. Sie werden etwa 10 Minuten vor Ende der Garzeit zusammen mit dem Gemüse unter den Reis gemischt.

Nur mit den speziellen italienischen Reissorten bekommt Risotto die richtige Konsistenz wie Avorio (der im Handel verbreitete Name für den Arborio-Reis), Carnaroli und Vialone nano.
Es gibt außer der Wahl der richtigen Reissorte noch einige andere Tipps, mit denen ein Risotto richtig gut gelingt.

Zum Beispiel ist es gut, wenn Sie den Reis so ins Öl (oder auch in Butter) einrühren, dass alle Körner ganz vom Fett bedeckt sind, bevor Sie die Flüssigkeit angießen.

Der Risotto ist fertig, wenn er, wie man in Italien sagt »allònda« ist, das heißt, wenn er Wellen bildet.

Beim Aufschöpfen merken Sie in jedem Fall, ob Ihr Risotto gelungen ist. Wenn er leicht und locker auf dem Teller liegt, ist er perfekt.

Risotto mit Spargel

2 Portionen
Besonders fein

- 1 kleine Zwiebel
- 1 Knoblauchzehe
- 5 große Champignons
- 2 EL Öl
- 160 g Mittelkornreis (Avorio)
- 600 ml Fleischbrühe (Instant)
- 2 cl Weißwein (trocken)
- 150 g Spargel (aus dem Glas oder frisch)
- 50 g Erbsen (TK)
- Salz, weißer Pfeffer
- 1 TL Butter
- 1 EL ger. Parmesankäse

Die Champignons putzen und in feine Blätter schneiden.

Die Zwiebel und die Knoblauchzehe abschälen und in kleine Würfel schneiden oder klein hacken.

Das Öl in der Pfanne erhitzen und das vorbereitete Gemüse darin anbraten.

Den Reis zufügen und kurz mitdünsten. Fleischbrühe und Wein angießen. Alles bei schwacher Temperatur 20 Minuten garen lassen.

Inzwischen den abgetropften Spargel in etwa 3 cm lange Stücke schneiden. Die Erbsen in ein Sieb geben, kurz mit warmem Wasser abbrausen und auftauen lassen.

Etwa 10 Minuten vor Ende der Garzeit Spargel und Erbsen untermischen, salzen und pfeffern.

Den Parmesan und die Butter unter das fertige Risotto mischen, nochmals kräftig abschmecken.

Schinkennudeln

2 Portionen
Ganz einfach

- 400 g Nudeln (gekocht)
- 1 Zwiebel
- 50 g Speck
- 150 g gekochter Schinken
- 1 EL Pflanzenmargarine
- 1 Ei • ½ Bund Petersilie
- Salz, Pfeffer aus der Mühle
- 1 EL ger. Parmesankäse

Die Zwiebel schälen und fein hacken. Den Speck und den Schinken würfeln. Die Margarine erhitzen, Zwiebel, Speck und Schinken darin andünsten.

Die Nudeln zufügen und ca. 5 Minuten braten.

Inzwischen das Ei mit einer Gabel verschlagen. Die Petersilie abbrausen, trockenschütteln und grob hacken.

Die Schinkennudeln mit Salz und Pfeffer kräftig abschmecken, das verquirlte Ei darüber gießen und den Parmesan untermischen, alles kurz erhitzen. Das Gericht mit Petersilie bestreuen.

Käse-Lauch-Nudeln

2 Portionen
Ganz einfach

- 250 g Vollkornnudeln
- 150 g Schafskäse • 3 Fleischtomaten
- 2 kleine Stangen Porree
- ¼ l Gemüsebrühe (Instant) • 2 EL Öl
- Pfeffer aus der Mühle
- frischer Thymian

Die Nudeln in reichlich kochendem Salzwasser bissfest kochen, abgießen und beiseite stellen.

Den Schafskäse in Würfel schneiden.

Die Tomaten waschen, vierteln und in kleine Stücke schneiden.

Den Lauch putzen, in Ringe schneiden und gut waschen, damit keine Sandkörnchen in den Ringen bleiben.

Den Lauch unter Rühren im heißem Öl 3–5 Minuten lang anbraten.

Die Tomatenstücke dazugeben und ebenfalls 3–5 Minuten anbraten.

Wenn die Tomaten braun werden, die Vollkornnudeln untermischen und die Gemüsebrühe angießen.

Das Gericht einmal aufkochen lassen, pfeffern, mit Tymianblättchen würzen und überstreut mit dem Käse servieren.

Tipp Sie können natürlich auch Nudeln vom Vortag nehmen.

Chinesische Bratnudeln mit Gemüse

4 Portionen
Braucht etwas Zeit

Für das Fleisch:
- 300 g Hähnchenbrustfilets
- 2 TL Speisestärke
- 4 EL Sojasauce

Für das Gemüse:
- 8 EL Pflanzenöl
- 300 g Lauch
- 300 g Möhren
- 150 g Sojasprossen
- ⅛ l Hühnerbrühe (Instant)
- 2 EL Reiswein oder trockener Sherry
- 1 EL Zitronensaft
- 1 TL Zucker
- Pfeffer aus der Mühle
- 1 Zwiebel
- 1 Knoblauchzehe
- 1 kleines Stück Ingwer oder 1 TL Ingwerpulver

Außerdem: 200 g chinesische Weizennudeln

Das Fleisch in schmale Streifen schneiden, salzen und in einer Schüssel mit Sojasauce und 1 Teelöffel Speisestärke verrühren.

Im Kühlschrank mindestens $^{1}/_{2}$ Stunde ziehen lassen.

Die Nudeln in reichlich Salzwasser bissfest garen, abgießen, 1 EL Öl darüber gießen und beiseite stellen.

Das Gemüse waschen und klein schneiden: Die Möhren in feine Stifte, den Lauch in schräge Scheiben.

Die Sojasprossen kalt abspülen.

Den Rest der Sojasauce mit Brühe, Reiswein und Zitronensaft verrühren. Mit Zucker, Salz und Pfeffer würzen. 1 Teelöffel Stärke unterrühren.

Die Zwiebel, den Knoblauch und den Ingwer schälen und klein würfeln.

Öl in einer tiefen Pfanne erhitzen. Das marinierte Fleisch rosa anbraten, herausnehmen und beiseite stellen.

Als Nächstes die Zwiebel-, Knoblauch- und Ingwerwürfel im heißen Fett anbraten und einen weiteren Löffel Öl dazugeben.

Nacheinander die Möhren, den Lauch und die Sprossen hineingeben, unter Rühren anbraten und mit der Sauce ablöschen.

Das Fleisch unterheben, einmal aufkochen und die Pfanne beiseite stellen.

Die Nudeln in einer zweiten Pfanne in Öl portionsweise goldbraun braten, auf die Teller verteilen und das Gemüse darauf legen.

Tipp Auch wenn im Originalrezept Lauch und Möhren verwendet werden, müssen Sie sich nicht unbedingt daran halten. Sie können zwei andere Gemüsesorten der Saison verwenden, die gut zusammenpassen, wie Möhren und grüne Bohnen, Möhren und Erbsen etc.

Rigatoni mit Chinesischem Senfkohl

2 Portionen
Raffiniert

- 1 Bund Chin. Senfkohl (Pak Choi)
- 1 Bund Frühlingszwiebeln
- ¼ l Gemüsebrühe (Instant)
- 1 EL Zitronensaft
- ½ TL Kokosflocken
- 2 TL Sojasauce
- Meersalz, Pfeffer aus der Mühle
- 1 Msp. Chilipulver
- 200 g Rigatoni oder Hörnchennudeln

Kochen Sie die Nudeln in reichlich kochendem Salzwasser bissfest. Abgießen und beiseite stellen

Den Kohl putzen, in breite Streifen schneiden und waschen. Die Frühlingszwiebeln ebenfalls waschen und in dünne Ringe schneiden.

Die Gemüsebrühe in einer tiefen Pfanne erhitzen und den Pak Choi und die Frühlingszwiebeln darin kurz garen.

Die Nudeln in die Pfanne geben und mit dem Gemüse vermischen, bis sie warm geworden sind.

Mit Zitronensaft, Sojasauce und einigen Kokosflocken würzen und mit Salz, Pfeffer und Chilipulver sehr kräftig und würzig abschmecken.

Die Sauce etwas einkochen lassen und zum Schluss die restlichen Kokosflocken untermischen.

Käsenudeln

2 Portionen
Preiswert

- 400 g Nudeln (gekocht)
- 2–3 kleine Zwiebeln
- 1 EL Butter
- 2 EL ger. Käse
- Salz, Pfeffer aus der Mühle

Die Zwiebeln schälen und fein hacken.

Die Butter zerlassen und die Zwiebeln glasig dünsten.

Die Nudeln zugeben und mitbraten.

Die gebräunten Nudeln mit dem Käse bestreuen, salzen und pfeffern.

Wenn der Käse zerlaufen ist und eine goldbraune Farbe annimmt, sind die Käsenudeln fertig.

Tipp Frisch geriebener Emmentaler schmeckt besonders gut dazu.

Radieschenkäfer

1 Radieschen waschen, trockentupfen, Strunk und Wurzel entfernen. Radieschen auf einer Seite flach schneiden, damit es gut liegt.

2 Rücken des Käfers vorsichtig in Dreieckform einschneiden. Das Dreieck herauslösen.

3 Mit einem spitzen Messer in den restlichen Rücken kleine Vertiefungen schneiden.

4 Schnittlauch waschen und trocknen. Zwei Röhrchen als Fühler zwischen die Flügel klemmen.

Tipp Freilandradieschen gibt es von Frühjahr bis November. Sie sind kleiner und schärfer im Geschmack als Gewächshausradieschen. Weniger geschmacksintensive Gewächshausware ist das ganze Jahr über erhältlich.

Käsetorte

4 Portionen
Besonders fein

- 800 g ungesalzene Ricotta
- 1 Bund Schnittlauch
- 1 Bund Basilikum
- 1 Bund Petersilie
- 100 g geriebener Parmesan
- Salz
- weißer Pfeffer
- Saft von ½ Zitrone
- ¼ l Milch
- 3 Eier
- 100 g Mehl
- 50 g Butter
- Basilikum
- Radieschenkäfer und -mäuse

Für die Füllung die Ricotta durch ein Sieb streichen.

Kräuter waschen, abtropfen lassen. Schnittlauch in Röllchen schneiden. Basilikum von den Stielen zupfen, fein hacken. Petersilie ebenfalls fein hacken.

Kräuter und Parmesan unter die Ricotta mischen. Mit Salz, Pfeffer und Zitronensaft abschmecken.

Für die Pfannkuchen Milch, Eier und eine Prise Salz verquirlen, nach und nach das Mehl einrühren. 20 Minuten quellen lassen.

In einer beschichteten Pfanne etwas Butter erhitzen. Acht Pfannkuchen backen.

Pfannkuchen mit der Käsemischung bestreichen und aufeinander legen.

Torte kalt stellen. Vor dem Servieren auf einem großen Teller anrichten und mit Basilikumblättern, Radieschenkäfern und -mäusen garnieren.

Fladenbrot mit Zucchinitalern

Für Pfannen mit Deckel
2 Portionen

Für die Taler: • 1 kleiner Zucchino (ca. 200 g) • 250 g Kartoffeln • 1 Ei • Salz, Pfeffer aus der Mühle • ½ TL Thymian • 2 EL Mehl • 2 TL Sonnenblumenkerne • 2 EL ger. Emmentaler Käse • 2 EL Öl

Für die Sauce: • 125 g Quark (20 % F. i. Tr.) • 2 EL Milch • 1 kleine Knoblauchzehe • Salz, weißer Pfeffer • 4 Blättchen Basilikum • 1 Spritzer Zitronensaft • ½ Fladenbrot

Zucchino und Kartoffeln waschen und schälen. Beides grob raspeln und auf Küchenpapier abtropfen lassen.

Das Ei mit Salz, Pfeffer und Thymian verrühren, das Mehl darüber stäuben und in einer Schüssel gut mit dem Gemüse und den Sonnenblumenkernen vermischen.

Das Öl erhitzen, von der Kartoffel-Zucchini-Mischung jeweils 2–3 Esslöffel entnehmen, in die Pfanne geben und zu handtellergroßen Talern flach drücken. Den Käse darauf streuen. Die Zucchinitaler zugedeckt ca. 10 Minuten goldbraun braten, wenden. 5 Minuten zugedeckt braten und 5 Minuten offen.

Für die Sauce die klein gehackte Knoblauchzehe und das Basilikum verrühren, salzen und pfeffern.

Das Brot vierteln und füllen.

Maisfladen Grundrezept

1–2 Portionen
Gelingt leicht

Für die Maisfladen:

- 100 g Maismehl (Polenta)
- 100 g Weizenmehl
- 1 Msp. Koriander
- 1 Prise Salz
- ca. 75 ml Wasser
- 2 EL Öl

Maismehl, Weizenmehl, Koriander und Salz vermischen und mit so viel Wasser verkneten, dass ein fester Teig entsteht, der sich gut ausrollen lässt.

Den Teig teilen und zwei gleich große, dünne Fladen ausrollen.

Jeweils 1 Esslöffel Öl erhitzen und die Fladen nacheinander bei mittlerer Temperatur etwa 1 Minute auf jeder Seite braten.

Die fertigen Fladen im vorgeheizten Backofen (ca. 90 °C) warm halten.

Maisfladen mit Hähnchenfüllung

4 Portionen

Für die Füllung:

- 300 g Hähnchenbrustfilet
- 500 g Fleischtomaten
- 2 Zwiebeln
- 3 Knoblauchzehen
- 1–2 Chilischoten
- Salz, Pfeffer aus der Mühle
- ½ Bund Koriander
- Öl
- 50 g Crème fraîche
- 100 g Schafskäse

½ Zwiebel und 1 Knoblauchzehe mit den Hähnchenbrustfilets in einem Topf langsam aufkochen, in 8 bis 10 Minuten gar ziehen lassen und zum Abkühlen beiseite stellen.

Inzwischen die Tomaten häuten, das Fruchtfleisch würfeln und zugeben. Mit der Chilischote, den restlichen Zwiebeln und Knoblauchzehen im Mixer pürieren.

Die Tomatensauce mit Koriander, Salz und Pfeffer scharf würzen.

Das Hähnchenfleisch würfeln.

Die Maisfladen kurz in der Pfanne erhitzen. Herausnehmen, jeweils mit Fleisch und Sauce füllen. Je einen Löffel Crème fraîche darauf geben und Schafskäse darüber raspeln.

Zusammenklappen und servieren.

Maisfladen mit Hackfleischfüllung

2 Portionen
Besonders fein

Für die Füllung:

- **200 g Hackfleisch vom Rind**
- **1 Zwiebel**
- **2 Stangen Staudensellerie**
- **3 EL Crème fraîche**
- **Salz, Pfeffer aus der Mühle**
- **1 EL Schnittlauchröllchen**
- **1 EL Öl**

Backofen vorheizen (ca. 90°C). Maisfladen nach dem Grundrezept links oben auf Seite 96 bereiten und im Backofen warm halten.

Die Zwiebel fein hacken. Den Staudensellerie waschen, putzen und in feine Ringe schneiden.

Das Öl erhitzen, die Zwiebel und das Hackfleisch darin anbraten. Den Staudensellerie in die Pfanne geben und mitschmoren lassen.

Mit Crème fraîche, Salz und Pfeffer würzen. Das Ganze 5 Minuten bei schwacher Temperatur köcheln lassen.

Den Schnittlauch abbrausen, trockenschütteln und in feine Röllchen schneiden. Die Hälfte unter die fertige Hackfleischmischung rühren.

Zum Servieren jeweils einen Maisfladen auf einen vorgewärmten Teller geben, die Hackfleisch-Sellerie-Mischung darauf verteilen und den Fladen einmal zusammenklappen. Mit Schnittlauchröllchen bestreuen.

Polenta mit Gemüse und Gorgonzola

3 Portionen
Gelingt leicht

Für die Polenta: • ¼ l Milch • Salz • 500 g Maisgrieß (Polenta)
Für die Sauce: • 1 Möhre • 200 g Egerlinge • 100 g grüner Spargel • 3 EL Olivenöl • 200 ml Sahne • 200 g Gorgonzola • Salz, Pfeffer aus der Mühle

- In einem großen Topf die Milch und 1,5 Liter Wasser aufkochen und salzen.
- Den Maisgrieß langsam mit dem Schneebesen einrühren. Achtung: Er darf keine Klumpen bilden.
- Die Temperatur herunterschalten und die Polenta bei niedriger Hitze etwa 45 Minuten köcheln.
- In der Zwischenzeit die Möhre waschen, schälen und klein würfeln.
- Die Pilze putzen, die Hütchen in Scheiben, die Stiele in Würfel schneiden.
- Den Spargel waschen, die Köpfchen im Ganzen abschneiden, die Stängel in etwas dickere Scheiben schneiden.
- Das Olivenöl in der Pfanne erhitzen, den Spargel, die Möhren und die Pilze anbraten. Ewas Wasser angießen und bei geschlossenem Deckel 5 Minuten garen.
- Den Deckel abnehmen, die Sahne einrühren, salzen und pfeffern.
- Den Gorgonzola klein schneiden und über die Polenta im Topf streuen. Die Polenta so noch eine Weile köcheln lassen, damit der Käse ganz schmilzt.
- Die Polenta mit der Sauce servieren.

Polenta mit Bohnen

2 Portionen
Preiswert

Für die Polenta: • ¼ l Milch • Salz • 500 g Maisgrieß (Polenta)
Für die Bohnen: • 200 g weiße Bohnen (Glas) • 1 EL Tomatenketchup • 2 EL Tomatenmark • Öl • 1 Zweig Petersilie • 100 ml Brühe (Instant) • Salz, Pfeffer aus der Mühle

- Maismehl wie im Rezept oben kochen.
- Die Bohnen abtropfen lassen.
- Das Öl in der Pfanne erhitzen und Bohnen, Petersilie und Ketchup anbraten.
- Von der fertigen Polenta mit dem Löffel große Nocken abstechen und mitbraten.
- Mit der Brühe ablöschen, mit Tomatenmark, Salz und Pfeffer würzen.

Crêpes Grundrezept

2 Portionen
Preiswert

- ¼ l Milch
- 2 Eier
- 7 EL Mehl
- 2 EL Zucker
- 1 Prise Salz
- Bratfett

Eier in die Milch geben, verschlagen und salzen.

Mehl und Zucker esslöffelweise unterrühren.

Wenig Fett in einer Pfanne auf mittlerer Stufe erhitzen.

Beim Eingießen des Teiges die Pfanne immer so drehen, dass der Boden gleichmäßig dünn bedeckt ist.

Crêpes wenden und von beiden Seiten goldbraun backen.

Tipp Crêpes sind leichte, fast hauchdünne Gebilde, die schnell gebacken werden. Schon bei der Zubereitung des Teiges dürfen sich keine Klumpen bilden. Geben Sie den Teig zur Sicherheit durch ein Sieb in die Pfanne.

Crêpes mit pikanter Füllung

2 Portionen
Besonders fein

- ¼ l Milch
- 2 Eier
- 7 EL Mehl
- 2 EL Zucker
- 1 Prise Salz
- Bratfett
- Füllung nach Belieben

Bereiten Sie die Crêpes nach dem Grundrezept zu.

Legen Sie die Crêpes flach auf den Teller und bestreichen Sie ihn jeweils zur Hälfte nicht zu reichlich mit der Füllung Ihrer Wahl.

Dann die Crêpes zusammenfalten und die Oberseite passend dekorieren, z. B. mit Zitronenscheiben, frischen Kräutern, Zwiebelringen, Paprika- oder Tomatenstreifen.

Tipp Da die Crêpes so zart sind, dass sie leicht zerreißen, kann man sie nicht mit Zutaten wie Gemüse, Speck usw. backen. Doch als Füllung zu den fertigen Crêpes passen viele leichte Gerichte wie Frikassee oder Frühlingsgemüse, Pilzragouts und Käsefüllungen.
Natürlich können Sie die Crêpes mit süßen Belägen oder Saucen servieren – oder mit Alkohol ... Rezepte dazu finden Sie auf den Seiten 104 und 108.

Zwiebelblüte

1 Frühlingszwiebeln waschen, Wasser abschütteln, trockentupfen. Etwa sieben Zentimeter lange Röhrchen zurechtschneiden.

2 Röhrchen von einer Seite her mehrmals einschneiden. Zwiebelstücke kurz in Eiswasser legen, damit sich die Streifen zusammenrollen.

Spanisches Brotomelette

4 Portionen
Ganz einfach
Preiswert

- 6 Knoblauchzehen
- 6 Scheiben Brot
- 6 EL Olivenöl
- Salz
- 300 g Schnittkäse (Gouda oder Edamer)
- 8 Eier
- Frischer Blattsalat
- Zwiebelblüten

Knoblauchzehen schälen. Brotscheiben auf beiden Seiten mit Knoblauch einreiben. Brotscheiben anschließend in Würfel schneiden.

In einer Pfanne das Öl erhitzen, die Brotwürfel hineingeben und knusprig braten.

Den Käse in Würfel schneiden.

Eier schaumig schlagen, salzen und die Käsewürfel untermischen.

Ei-Käse-Mischung über die Brotwürfel gießen und bei geringer Hitze stocken lassen.

Omelette auf einen Teller gleiten lassen, wenden und erneut in die Pfanne geben. Kurz braten.

Eine Platte mit gewaschenen Salatblättern auslegen, das Brotomelette darauf verteilen. Mit Zwiebelblüten garnieren.

Chinarollen

4 Portionen
Braucht etwas Zeit

Für die Rollen: 100 g Mehl • 200 ml Milch • 2 Eier • 1 Prise Salz • 80 g Butterschmalz
Für die Füllung: • 500 g Frühlingszwiebeln (Lauchzwiebeln) • 2 Entenbrüste (ca. 250 g) • Salz • frisch gemahlener weißer Pfeffer
Außerdem: 8 EL süße Chilisauce • Zwiebelblüten

Mehl, Milch, Eier und eine Prise Salz zu einem glatten Teig verrühren. Abgedeckt 30 Minuten ruhen lassen.

Für die Füllung die Frühlingszwiebeln in feine Ringe schneiden. Entenbrüste auf der Hautseite mehrmals einschneiden.

Die Brüste mit Salz und Pfeffer einreiben, auf der Hautseite knusprig anbraten, wenden und im ausgetretenen Entenfett anbraten, bis sich die Zellen geschlossen haben. Herausnehmen und im vorgeheizten Backofen bei 200 Grad weitere 15 Minuten braten. Herausnehmen und ruhen lassen.

In einer kleinen Pfanne etwas Butterschmalz erhitzen, aus dem Teig 8 dünne Pfannkuchen backen. Warm stellen.

Die Entenbrüste in dünne Scheiben schneiden. Auf den Pfannkuchen Chilisauce, Entenbrustscheiben und Frühlingszwiebeln verteilen.

Die Pfannkuchen aufrollen, auf einer Platte mit Zwiebelblüten garnieren.

Süß und lecker

Apfelpfannkuchen

Für Pfannen mit Deckel
2 Portionen

- **2 Eier** • **125 g Mehl** • **250 ml Milch**
- **1 EL Zucker** • **1 Prise Salz**
- **1 großer Apfel** • **2 EL Butter**
- **100 g gemischte Beeren (TK)**
- **75 g Sahne** • **1 EL Zucker**
- **1 Msp. Mark einer Vanilleschote**

1 Ei trennen, das Eiweiß steif schlagen. Das ganze Ei und das Eigelb mit Mehl, Milch, Zucker und Salz gut verrühren. Den Teig etwas ruhen lassen.

Inzwischen den Apfel waschen, schälen, vierteln, entkernen und in dünne Spalten schneiden.

Den Eischnee unter den Teig heben.

1 Esslöffel Butter zerlassen, die Hälfte der Apfelscheiben in die Pfanne schichten und 1 Minute dünsten.

Die Hälfte des Teiges über die Äpfel gießen. Den Pfannkuchen zugedeckt etwa 4 Minuten bei mittlerer Temperatur backen und wenden. Noch 1 bis 2 Minuten auf der anderen Seite backen, warm stellen. Den zweiten Pfannkuchen backen.

Die Beeren trockentupfen. Die Sahne steif schlagen, Zucker und Vanillemark unterrühren.

Die Pfannkuchen dekorativ mit den Früchten belegen, die Vanillesahne darüber verteilen.

Crêpes mit Cointreau

4 Portionen
Ganz einfach

- **175 g Buchweizenmehl** • **175 g Weizenmehl**
- **2 Eier** • **Salz** • **200 ml Milch**
- **80 ml Cointreau** • **120 ml Wasser**
- **1 TL Butter** • **1 ungespritzte Orange**

Das Mehl in eine Schüssel sieben.

Die Eier aufschlagen und in die Schüssel zum Mehl geben.

Mit Wasser und Cointreau zu einem dünnen Teig verrühren.

Die Milch dazugeben, alles nochmals gut verrühren und den Teig etwa 2 Stunden an einem kühlen Ort ruhen lassen.

Die Orange abwaschen und dünne Fäden abschälen.

Die Pfanne sehr heiß werden lassen, etwas Butter darin schmelzen.

Pro Crêpe einige Orangenfäden und 1–2 EL Teig in der Pfanne verteilen.

Sobald der Teig bräunt, umwenden.

Die fertigen Crêpes warm stellen.

Pfannkuchentorte

2 Portionen
Raffiniert

- 1 Ei
- 2 Eigelbe
- 125 ml Milch
- 50 g Mehl
- 75 g Sahne
- 1 Prise Salz
- Pflanzenmargarine zum Braten
- 100 g Beerenkompott (Fertigprodukt)
- 1 EL Puderzucker

Außerdem: 1 kleine Pfanne (15–20 cm Durchmesser)

Das Ei mit den Eigelben und der Hälfte der Milch verquirlen. Dann das Mehl darüber sieben und die Masse glatt rühren. Die restliche Milch, die Sahne und das Salz unterrühren. Den Teig kurz ruhen lassen.

Etwas Margarine schmelzen und 2 bis 3 Esslöffel des Teiges einfüllen. Den Pfannkuchen bei mittlerer Temperatur in 4 Minuten auf jeder Seite goldbraun backen. Im vorgeheizten Ofen (90 °C) warm halten. Die anderen Pfannkuchen ebenso zubereiten.

Die fertigen Pfannkuchen jeweils mit Beerenkompott bestreichen und zu einer Torte aufeinander stapeln.

Den obersten Pfannkuchen mit dem gesiebten Puderzucker bestreuen.

Die Pfannkuchentorte halbieren und warm oder kalt servieren.

Tipp Für ein Dessert für 4 Personen ersetzen Sie das Beerenkompott durch Schokoladensauce: 100 g Kuvertüre langsam schmelzen und 5 Esslöffel Sahne unterrühren. Noch warm auf den Pfannkuchen verteilen. Mit geschlagener Sahne servieren.

Kandierte Blüten

1 Eiweiß mit einer Gabel aufschlagen und die frisch gepflückten, gereinigten Blüten ringsum einpinseln. Überschüssiges Eiweiß abtropfen lassen.

2 Blüten ringsum mit feinem Zucker – keinen Puderzucker verwenden – bestreuen. Überschüssigen Zucker vorsichtig abschütteln.

3 Die verzuckerten Blüten im vorgeheizten Backofen bei 50 Grad und spaltbreit geöffneter Ofentür trocknen lassen.

4 Zum Aufbewahren die kandierten Blüten vorsichtig zwischen Lagen aus Küchenkrepp legen und in eine gut verschließbare Dose geben.

Tipp Pflücken Sie Blüten, die kandiert werden sollen, am frühen Morgen. Bis zur Verwendung können sie im Kühlschrank aufbewahrt werden.

Gedünstete Birnen

4 Portionen
Ganz einfach

- 4 große Birnen
- 40 g Butter
- Saft von 1 Zitrone
- 2 EL Zucker
- ½ l Wasser oder süßer Apfelwein
- ⅛ l süßer Rahm
- 100 g eingekochte Preiselbeeren

Die Birnen waschen, trocknen, halbieren und das Kerngehäuse sorgfältig herausschneiden.

Die Butter in der Pfanne zerlassen. Sie darf aber noch nicht braun werden.

Die Birnenhälften in die Pfanne setzen, mit dem Zitronensaft beträufeln und den Apfelwein darüber gießen.

Die Birnen langsam bei niedriger bis mittlerer Temperatur dünsten, die Pfanne vom Herd nehmen und die Birnen in der Pfanne kalt werden lassen.

Vor dem Servieren die Birnen herausnehmen, auf Dessertteller setzen und mit den Preiselbeeren füllen.

Den Saft darum gießen.

Die Sahne mit Zucker steif schlagen und hübsch neben die Birnen geben.

Das Dessert mit kandierten Blüten dekoriert servieren.

Tipp Sie können die Birnen auch nur in Wasser und Zucker dünsten. Dann lassen Sie auch die Preiselbeeren weg und servieren stattdessen eine heiße Schokoladensauce zur Birne. Auch zur dunklen Sauce sehen die zauberhaften kandierten Blüten einfach wunderschön aus. Sie können die Birnen auch mit Vanillesauce und Blüten servieren.

Zwetschgenröster

4 Portionen
Preiswert

- 500 g reife Zwetschgen
- 3 EL trockener Weißwein
- 3 EL Wasser
- 3 EL Zucker
- 1–2 Prisen Zimt

Die Zwetschgen halbieren, entkernen und mit den übrigen Zutaten in einer tiefen Pfanne bei milder Temperatur dünsten, bis sich die Haut der Pflaumen abzulösen beginnt.

Den heißen Zwetschgenröster kühl zur heißen Mehlspeise servieren.

Tipp Versuchen Sie Zwetschgen zu bekommen; sonst nehmen Sie Pflaumen.

Kirschschmarren

Für Pfannen mit Deckel
2 Portionen

• 4 Eier • 250 ml Milch • 150 g Mehl • 2 EL Zucker • ½ TL Zimt • 1 EL gem. Mandeln • 300 g entsteinte Sauerkirschen (Schattenmorellen) • 2 EL Kirschwasser • 3 TL Butter • 2 EL Puderzucker

Die Kirschen abtropfen lassen und mit dem Kirschwasser beträufeln.

3 Eier trennen, das Eiweiß steif schlagen. Die 3 Eigelbe und das ganze Ei mit Milch, Mehl, Zucker, Zimt und den Mandeln gut verrühren. Den Eischnee und die Hälfte der Kirschen unterheben.

1 Teelöffel Butter zerlassen, die Hälfte des Teiges hineingießen und zugedeckt etwa 3 Minuten bei mittlerer Temperatur backen.

Den Teig wenden und auf der anderen Seite in 1 bis 2 Minuten fertig backen. Dann mit 2 Gabeln in Stücke reißen und im Backofen (90 °C) warm stellen. Den übrigen Teig backen.

Den Kirschschmarren auf vorgewärmte Teller geben.

Die restliche Butter zerlassen. Die restlichen Kirschen 1 Minute darin erwärmen, dann über den Schmarren geben und alles mit Puderzucker bestreuen.

Tipp Ersetzen Sie die Schattenmorellen einmal durch die gleiche Menge Blaubeeren, gemischte Beeren oder klein geschnittene Aprikosen.

Crêpes mit Pistazien

2 Portionen
Raffiniert

• 175 g Weizenmehl • 1 Ei • Salz • 100 ml Milch • ca. 80 ml Wasser • ca. 20 ml Whiskey • Butterflöckchen für den Teig • 1 TL Butter zum Braten • 80 g gemahlene Pistazien

Das Mehl in eine Schüssel sieben.

Die Eier aufschlagen, zum Mehl geben. Mit dem Wasser und dem Whiskey zu einem dünnen Teig verrühren.

Die Milch und die Butterflöckchen in den Teig geben.

Den Teig etwa 2 Stunden kühl stellen.

Inzwischen die Pistazien mahlen.

Die Pfanne sehr heiß werden lassen, etwas Butter und Pistazien hineingeben.

Pro Crêpe 1–2 EL Teig dazugeben.

Crêpes im Backofen warm stellen.

Kaiserschmarren

2 Portionen
Preiswert

- **2 EL Rosinen**
- **1 EL Rum**
- **150 g Mehl**
- **3 Eier (getrennt)**
- **350 ml Milch**
- **100 g Sahne**
- **1 Prise Salz**
- **½ Päckchen Vanillezucker**
- **½ TL Zimt**
- **2 EL Butterschmalz**
- **50 g Puderzucker**

Die Rosinen heiß waschen und mit Küchenkrepp abtrocknen. In eine Schüssel geben, mit Rum beträufeln und einige Minuten ziehen lassen.

Das Mehl mit den Eigelben, Milch, Sahne, Salz, Vanillezucker und Zimt verquirlen. Die Eiweiße sehr steif schlagen und unter den Teig heben.

Das Butterschmalz zerlassen, den Teig dazugießen und die Rosinen darüber streuen.

Den Teig bei schwacher Temperatur backen, bis die untere Seite leicht braun wird und sich leicht vom Pfannenboden lösen lässt. Mit Hilfe von 2 Tellern oder mit dem Deckel (➔ Seite 8) wenden und von der anderen Seite backen, bis auch diese goldbraun ist.

Den Teig mit 2 Gabeln in mundgerechte Stücke reißen und weiter bei milder Temperatur backen, bis das Innere des Schmarren gar ist. Eventuell noch etwas Butterschmalz hinzufügen.

Den Puderzucker durch ein feines Sieb streichen und den Schmarren damit bestreuen.

Quarkplätzchen mit Zimt-Zucker

1 große Pfanne mit Deckel
2 Portionen
Besonders fein

- **250 g Magerquark**
- **1 unbehandelte Zitrone**
- **2 Eier**
- **2 geh. EL Zucker**
- **1 TL Zimt**
- **1 Prise Salz**
- **100 g Mehl**
- **1 EL Butter**

Die Zitrone heiß waschen, abtrocknen, etwa ½ Teelöffel Schale abreiben und 1 Esslöffel Saft auspressen.

Den Quark mit der abgeriebenen Zitronenschale, dem Zitronensaft, Eiern, 1 Esslöffel Zucker, ½ Teelöffel Zimt, Salz und Mehl gut verrühren.

Die Butter erhitzen, den Quarkteig esslöffelweise hineingeben und ein wenig flach drücken.

Die Pfanne zudecken und die Plätzchen bei schwacher Temperatur etwa 5 Minuten backen, bis der Teig an der Unterseite leicht braun wird.

Die Quarkplätzchen wenden und auch auf der anderen Seite weitere 5 bis 10 Minuten bei schwacher Temperatur in der offenen Pfanne backen.

Den restlichen Zucker mit Zimt mischen, die heißen Quarkplätzchen damit bestreuen.

Servieren Sie dieses Gericht als Dessert: Die Quarkplätzchen auf Teller verteilen, jeweils mit einer Kugel Vanilleeis und 2 Esslöffel roter Grütze garnieren.

Tipp Dazu passt zum Beispiel ein frühsommerliches Rhabarber-Erdbeerkompott: 500 g Rhabarber in 2 cm große Stücke schneiden und in einem großen Topf mit ⅜ l Wasser, 75 g Zucker, 1 TL Vanillezucker und 1 TL Zitronensaft zum Kochen bringen und anschließend ziehen lassen.
Mit 1 Prise Zimt abschmecken.
3 TL Stärkemehl mit wenig kaltem Wasser anrühren, das Kompott damit binden und in eine große Glasschüssel füllen. 500 g Erdbeeren waschen, trocknen, vom Stielansatz befreien und halbieren.
Mit 10 g Zucker süßen und unter das Rhabarberkompott heben.
Natürlich schmeckt auch Zwetschgen- oder Pflaumenkompott zu den süßen Plätzchen. Ein Rezept für echten Zwetschgenröster finden Sie auf Seite 107.

Zwetschgenschnitten

2 Portionen
Ganz einfach

- **4 trockene Brötchen**
- **Zwetschgenmus**
- **3 EL Mehl**
- **250 ml kalte Milch**
- **1 Ei**
- **1 Prise Salz**
- **2 EL Butterschmalz**
- **1 EL Zucker**
- **½ TL Zimt**

Die Brötchen in etwa 0,5 cm dicke Scheiben schneiden, diese kurz durch die Milch ziehen. Die Scheiben mit Zwetschgenmus bestreichen und jeweils zwei aufeinander legen.

Mehl, Milch, Ei und Salz verquirlen. Die gefüllten Brötchenscheiben darin wenden und 5 Minuten ziehen lassen.

Das Fett erhitzen und die Schnitten auf beiden Seiten goldgelb backen.

Noch heiß mit Zucker und Zimt bestreuen und sofort servieren.

Gebackene Ananasstückchen

4 Portionen
Lässt sich gut vorbereiten

- **½ frische Ananas oder 200 g Ananas aus der Dose**
- **100 g Speisestärke**
- **6–7 EL Speiseöl**
- **Salz**
- **3 EL Kokosflocken**
- **2 EL Sesam**
- **2 EL Honig**

Die frische Ananas in etwas größere Stückchen schneiden. Den Saft auffangen und beiseite stellen. Dosenananas in einem Sieb abtropfen und den Saft ebenfalls auffangen.

Das Mehl in eine Schüssel sieben, mit Kokosflocken und Sesam verrühren und ein wenig salzen.

Den Ananassaft und den Honig langsam darunter mischen.

Das Öl in einer tiefen Pfanne erhitzen.

Die Ananasstückchen einzeln auf eine Gabel oder Fonduegabel spießen, im Teig wenden, bis sie ganz bedeckt sind und im heißen Fett braten.

Die Ananas aus der Pfanne nehmen und mit je ein bis zwei Kugeln Speiseeis auf Desserttellern hübsch anrichten.

Tipp Sie können fast jedes Obst und alle exotischen Früchte so zubereiten. Versuchen Sie es mit Aprikosen oder Pfirsichen, Bananen (mit Zitronensaft beträufeln), Mangos oder Papayas.

Pfannkuchen mit Blütenhonig

4 Portionen
Preiswert

1 Ei • ¼ Liter Milch • 500 g Mehl • frische Hefe (etwa 50 g) • 2 EL Butterschmalz • 5 EL Sonnenblumenöl • 5 EL frischer Blütenhonig • 1 EL Zucker • ca. 250 ml lauwarmes Wasser

- Die Hefe in einer Tasse mit etwas Zucker und lauwarmem Wasser verrühren.
- Das Mehl in eine Schüssel sieben, eine Prise Salz dazugeben, eine Mulde ins Mehl drücken und die Hefemischung hineingießen.
- In einer zweiten Schüssel Ei, Milch und 150 ml warmes Wasser verquirlen. Die Masse zum Hefeansatz in der ersten Schüssel gießen.
- Die Hefe-Mehl-Mischung zuerst langsam nach und nach und zum Schluss kräftig durchschlagen.
- Den Teig für eine gute Stunde an einem warmen Platz gehen lassen.
- Ein wenig Sonnenblumenöl in der Pfanne erhitzen
- Jeweils so viel Teig in die Pfanne geben, dass der Boden bedeckt ist und jeden Pfannkuchen 3–4 Minuten auf nur einer Seite hellbraun braten, im Ofenrohr warm stellen
- Alle Pfannkuchen so braten, bis der Teig vollständig verbraucht ist.
- Die Pfannkuchen mit geschmolzenem Butterschmalz von beiden Seiten kräftig einstreichen.
- Die nicht gebratenen Seite des Pfannkuchens mit dem Blütenhonig betreichen und die Pfannkuchen zusammenrollen.

Tipp Zu diesem saftig-süßen Hefegebäck schmeckt eine heiße Tasse Milchkaffee oder türkischer Mokka. Pro Tasse Mokka bringen Sie in einem Portionskännchen einen gehäuften Teelöffel sehr fein gemahlenen türkischen Kaffee und Zucker mit einer knappen Mokkatasse Wasser zum Kochen. Sobald sich Schaum bildet und der Kaffee hochsteigt, nehmen Sie das Kännchen von der Feuerstelle und warten, bis sich der Kaffee gesenkt hat. Den Kaffee noch zweimal so aufkochen und heiß servieren.
Wenn Ihnen diese Hefepfannkuchen schmecken, dann sollten Sie das Rezept einmal variieren.

- Bereiten Sie die Hefepfannkuchen nach Rezept zu, aber bestreichen Sie sie zuletzt nicht mit Honig. Als Varianten bieten sich an: Ahornsirup, Schokoladen- oder Vanillecreme (dünn auftragen), Schoko-Nusscreme, jede Marmelade – denken Sie auch an Grapefruit-, Orangen- oder Zitronenmarmelade.

Süße Nudelkrapferl

4 Portionen
Ganz einfach

- **150 g Nudeln (gekocht)** • **2 Eier**
- **75 ml Milch** • **75 g Mehl** • **75 g Sahne**
- **1 Prise Salz** • **1 EL Butter**
- **1 EL Zucker** • **½ TL Zimt**

Die Eier trennen. Eigelbe mit Milch, Mehl, Sahne und Salz zu einem dickflüssigen Teig verrühren. Die Nudeln zerkleinern und untermischen. Das Eiweiß steif schlagen und unterheben.

Die Butter zerlassen. Jeweils 1 Esslöffel Teig in die Pfanne geben. Die Krapferl bei mittlerer Temperatur auf beiden Seiten goldbraun backen. Mit Zimt-Zucker servieren.

Zimt-Zucker-Mischung

Auf Vorrat
Ganz einfach

- **100 g Zucker** • **1 TL Zimt**
- **1–2 Zimtstangen** • **1 verschließbares Glas**

Den Zucker abmessen, in eine Schale geben, den Zimt unterrühren.

Die Mischung und die Zimtstangen ins Glas füllen und aufheben.

Apfelküchlein

2 Portionen
Besonders fein

- **1 Ei**
- **75 g Mehl**
- **1 Prise Salz**
- **125 ml Milch**
- **2 säuerliche Äpfel (z. B. Boskoop)**
- **Saft von ½ Zitrone**
- **4 EL Butterschmalz**
- **2 EL Zucker**
- **½ TL Zimt**

Das Ei trennen. Das Eigelb mit Mehl, Salz und Milch gut verrühren. Den Teig etwas ruhen lassen.

Inzwischen die Äpfel waschen, schälen und mit einem Apfelausstecher das Kerngehäuse entfernen. Die Äpfel in etwa 1 cm dicke Scheiben schneiden und mit Zitronensaft beträufeln.

Das Eiweiß sehr steif schlagen. Den Eischnee vorsichtig unter den Teig heben.

Das Butterschmalz in der Pfanne heiß werden lassen. Die Apfelscheiben durch den Teig ziehen und im heißen Fett bei mittlerer Temperatur in etwa 5 Minuten auf beiden Seiten goldgelb ausbacken.

Fertige Apfelküchlein im vorgeheizten Backofen (90 °C) warm halten, bis alle gebacken sind.

Zucker und Zimt mischen, die heißen Apfelküchlein damit bestreuen.

Prosecco-Apfelringe

6 Portionen
Ganz einfach

- **60 g Mehl**
- **3 EL Prosecco**
- **1 Ei**
- **1 TL Öl**
- **2 TL Puderzucker**
- **1 Prise Salz**
- **4 Äpfel**
- **Saft von 1 Zitrone**
- **½ l Öl zum Backen**

Mehl, Wein, Ei, Öl und Puderzucker verrühren. Mit 1 Prise Salz würzen.

Die Äpfel schälen und das Kerngehäuse ausstechen.

Die Äpfel in möglichst gleichmäßige etwa ½ cm dicke Ringe schneiden und reichlich mit dem Zitronensaft beträufeln.

Das Öl zum Backen in einer tiefen Pfanne erhitzen.

Die Apfelringe in den Teig tauchen und portionsweise im heißen Öl braten.

Zum Abtropfen kurz auf Küchenpapier legen.

Warm und mit Puderzucker bestäubt servieren.

Tipp Sie können den Prosecco auch durch herben Weißwein ersetzen.

Nudelküchlein mit Rosinen

2 Portionen
Raffiniert

- 75 g Nudeln (gekocht)
- 1 Ei
- 75 ml Milch
- 2 geh. EL Mehl
- 3 EL Sahne
- 1 Prise Salz
- ½ TL Zimt
- ½ TL abger. Zitronenschale
- 3 EL Rosinen
- 1 EL Rum
- 1 EL Butter
- 1 EL Zucker
- 1 Msp. Vanillemark

Das Ei trennen. Eigelb mit Milch, Mehl, Sahne, Zimt, Salz, Zitronenschale, Rosinen und Rum verrühren.

Die Nudeln zerkleinern und unter die Flüssigkeit mischen. Eiweiß steif schlagen und unterheben.

Die Butter in der Pfanne zerlassen, den Teig esslöffelweise in die Pfanne geben. Die Nudelküchlein auf beiden Seiten goldbraun backen.

Den Zucker mit dem Vanillemark vermischen und darüber streuen.

Böhmische Dalken

2 Portionen
Lässt sich gut vorbereiten

- 200 g Mehl
- ½ Hefewürfel
- 15 g Zucker
- ⅛ l lauwarme Milch
- 15 g Butter
- 1 Ei
- 1 Prise Salz
- 170 g Aprikosenmarmelade
- 1 EL Rum
- 60 ml Sahne
- 1 EL Vanillezucker
- 1 EL Puderzucker
- 200 g Butterschmalz

Das Mehl in eine Schüssel sieben, eine Mulde hineindrücken.

Die Hefe zerbröckeln, mit dem Zucker und 2 EL warmer Milch verrühren und in die Kuhle gießen. Mit etwas Mehl zu einem Vorteig verrühren, 15 Minuten gehen lassen.

Die Butter in der restlichen Milch zerlassen, salzen und mit den Eiern in die Schüssel geben. Einen glatten Teig kneten und ihn zugedeckt mindestens eine Dreiviertelstunde an einem warmen Ort gehen lassen.

Den Teig etwa 1 cm dick ausrollen, mit einer Tasse Kreise ausstechen und sie nochmals gehen lassen.

Das Butterschmalz in einer tiefen Pfanne erhitzen und die Dalken von beiden Seiten ca. 3 Minuten backen.

Mit Puderzucker bestreuen und mit der Marmelade und einem dekorativen Klecks süßer Sahne servieren.

Süße Kartoffelbällchen

2 Portionen
Ganz einfach

- 1 EL Rosinen
- 250 g mehlig kochende Kartoffeln (gekocht)
- 2 EL Mehl
- 125 g Speisequark (20 % F. i. Tr.)
- 1 Prise Salz
- 4 gestr. EL Zucker
- 1 EL Zitronensaft
- 2 Eier
- 2 EL gem. Mandeln
- 2 EL Butter
- ½ TL Zimt

Die Rosinen heiß waschen. Mit Küchenkrepp trockentupfen.

Die Kartoffeln pellen und durch eine Presse in eine Schüssel drücken. Das Mehl darüber stäuben, mit Quark, Salz, 2 Esslöffeln Zucker, Zitronensaft, Eiern, Mandeln und mit den Rosinen sehr gut vermischen.

Aus jeweils 1 Esslöffel Kartoffelteig mit bemehlten Händen kleine Bällchen formen, etwas flach drücken.

Die Butter schmelzen, aber nicht zu heiß werden lassen und die Kartoffelbällchen hineingeben.

Die Kartoffelbällchen bei schwacher bis mittlerer Temperatur 5–10 Minuten braten, bis sie auf beiden Seiten goldbraun sind. Dabei mehrfach vorsichtig wenden.

Zum Servieren die Kartoffelbällchen auf vorgewärmte Teller legen und mit Zimtzucker bestreuen.

Blaubeerkuchen

4 Portionen
Für Gäste

- **5 Tassen frische Blaubeeren**
- **2 Eier**
- **1 EL Backpulver**
- **150 g Mehl**
- **75 g Butter oder Margarine**
- **3 EL Zucker**
- **1 TL Vanille** • **Wasser**
- **2 EL Butter oder Margarine zum Ausbacken**

Die Blaubeeren abwaschen, abtropfen lassen und mit dem Zucker in eine Schüssel geben.

Fett in der Pfanne zerlassen, $^3/_4$ der Blaubeeren hinzugeben.

Mehl und Backpulver in einer Schüssel vermischen und 3 Esslöffel über die Blaubeeren in der Pfanne stäuben. Wenig Wasser angießen.

Die Eier in eine zweite Schüssel schlagen, mit dem restlichen Mehl-Backpulver-Gemisch und der Vanille verquirlen.

Den Teig in die Pfanne gießen, bis die Beeren gut bedeckt sind.

Die restlichen Beeren auf dem Teig verteilen und den Kuchen 8-10 Minuten bei geringer Hitze gar ziehen lassen.

Karibische Sahne-Bananen

2 Portionen
Ganz einfach

- **3 Bananen**
- **Saft 1 Zitrone**
- **1 TL Zimt**
- **100 ml Sahne**
- **2 EL Sahne**
- **1–2 EL Butter**

Die Sahne steif schlagen und in den Kühlschrank stellen.

Die Bananen schälen, der Länge nach halbieren und mit Zitronensaft beträufeln.

Die Butter in der Pfanne zerlassen und die Bananen darin von beiden Seiten langsam schmoren, bis sie sehr weich geworden sind.

Je drei Bananenhälften auf einem Teller anrichten.

Die beiden Esslöffel Sahne rasch mit dem Fond in der Pfanne verrühren, mit dem Zimt würzen und die Sauce über die Bananen gießen.

Mit der geschlagenen Sahne dekorieren und sofort heiß servieren. Eventuell mit einer Cocktailkirsche belegen.

Über dieses Buch

Die Herausgeberin

Verena Zemme, 1956 geboren, hat sich als Redakteurin und Autorin auf die Bereiche Haus, Kochen, Garten und Lifestyle spezialisiert. Sie ist Herausgeberin einer bekannten deutschen Gartenzeitschrift und hat eine ganze Reihe von Büchern veröffentlicht.

Der Fotograf

Karl Newedel, Münchener Fotodesigner, sammelte nach seiner Ausbildung zum Koch nationale wie internationale Erfahrungen in großen Häusern, bevor er sich 1982 als frei schaffender Food-Stylist einen Namen machte. Seit 1996 agiert er selbst hinter der Kamera und gibt mit seinen Fotografien zahlreichen Büchern ein unverwechselbares Gesicht.

Danksagung

Für die Unterstützung bei der Fotoproduktion danken wir Herrn Ernst Soldan. Der gebürtige Schweizer erkochte sich bereits 1974 einen ersten Michelin-Stern und behielt diesen, wie keiner vor ihm, 24 Jahre lang. Neben vielen internationalen Auszeichnungen wurde er unter anderem auch zum Koch des Jahres gewählt. Seit 1999 bildet er mit Karl Newedel ein perfektes Team.

Bildnachweis

Alle Fotos: Karl Newedel, München,
außer: Helga Florian, Weiden/München: 16, 20, 28, 29, 36, 44, 48, 54, 66, 93, 94, 100, 101, 106;
Kai Mewes, München: 19, 23, 35, 41, 71, 77, 85, 95, 116;
Freisteller: Photo Alto, Paris (Rozenbaum & Cirou)

... und noch ein Hinweis

Unsere Rezepte werden von erfahrenen Fachautoren kreiert und erprobt. Wir freuen uns jedoch über Anregungen, Tipps oder Kritik und helfen bei Fragen gern weiter. Bitte wenden Sie sich an:

Weltbild Buchverlag
Steinerne Furt 67
86167 Augsburg
oder schicken Sie uns eine E-Mail an:
Simone.Abele@weltbild.com

Haftungsausschluss

Die Inhalte dieses Buches sind sorgfältig recherchiert und erarbeitet worden. Dennoch kann weder die Autorin noch der Verlag für die Angaben in diesem Buch eine Haftung übernehmen.

Impressum

Für dieses Buch wurden u.a. Rezepte aus dem Kochbuch »Schnelles aus der Pfanne« von Monika Judä verwendet, das 1999 im Weltbild Buchverlag, Augsburg erschienen ist. Wir danken der Autorin für die freundliche Genehmigung zum Abdruck ihrer Rezepte.

Weltbild Buchverlag
– Originalausgaben –

Projektleitung: Dr. Ulrike Strerath-Bolz
Bildredaktion: Susanne Allende
Umschlaggestaltung: X-Design, München
Layout und Satz: Dirk Risch, Berlin
Reproduktion: Point-of-Media, Augsburg
Druck und Bindung: aprinta Druck GmbH & Co. KG, Senefelderstr. 3–11, 86650 Wemding

Gedruckt auf chlorfrei gebleichtem Papier

Printed in Germany

ISBN 3-89604-901-1

Zum Nachschlagen